Oppdag kunsten å lage utsøkte tartel

100 appetittvekkende oppskrifter for enhver anledning

Ada Dahl

Opphavsrettsmateriale

©2023 GILBERT CA

Alle rettigheter reservert

Ingen del av denne boken kan brukes eller overføres i noen form eller på noen måte uten riktig skriftlig samtykke fra utgiveren og opphavsrettseieren, bortsett fra korte sitater brukt i en anmeldelse. Denne boken bør ikke betraktes som en erstatning for medisinsk, juridisk eller annen profesjonell rådgivning.

INNHOLDSFORTEGNELSE

INNHOLDSFORTEGNELSE..3
INTRODUKSJON...8
SKORPE OG SKJELL..9
1. Grunnleggende flassende paiskorpe..10
2. The Unshrinkable Sweet Tart Shell..12
3. Osteterteskjell..15
4. Maismel skorpe terte skall..17
5. Friformede terteskjell..19
6. Sjokoladeskorpe..21
7. Graham skorpe..23
8. Mini terteskjell...25
9. Fransk søt terteskorpe...28
10. Kremostterteskjell...30
11. Valnøtttarteletskall..32
12. Phyllo terteskjell..34
13. Shortbread terteskorpe..36
14. Eggfri terteskorpe..39
15. Hel hvete terteskorpe...42
SJOKOLADETERTER..44
16. Trøffelterte med espressosaus...45
17. Mørk sjokoladeterte med Gingersnap Crust..............................47
18. Sjokoladebrownieterte...50
19. Sjokolade smør terter...53
20. Sjokolade kokos mini terter...55

21. Sjokolade hasselnøtt terte...57
22. Sjokolade mascarpone nøtte terte....................................60
23. Sjokolade miniatyr terter...63
24. Sjokoladetrøffelterte med bringebær..............................65
25. Tranebær og hvit sjokolade terte....................................68
26. Dobbel sjokoladekremterte..71
27. Fudgy sjokoladeterte..74
28. Frisk frukt og sjokoladeterte..76
29. Krydret sjokoladeterte..79
30. Jordbær hvit sjokolademousse terte................................81
31. Svensk sjokoladedessert kongens terter.........................84
32. Hvit sjokolade banankrem terte......................................87
33. Onde mørk sjokoladeterte..90
SJØMATTERTER...93
34. Alaskan sjømatterter..94
35. Languster og krydret osteterte..96
36. Kamskjell og blåmuggostterte...98
37. Kremet røkelaks og dillterte..100
38. Norske lakseterter..103
39. Små røkt lakseterter..106
40. Festlige reketerter..108
41. Reker , løk og tomatterte...110
42. Rekecocktailterter..113
NØTTETERTER..115
43. Mandel terte...116
44. Meksikansk sjokoladeterte med krydrede pekannøtter
....119

45. Frangipane terte med sesongens frukt..........................122
46. Bakewell terte...125
47. Eplenøttgitterterte..127
48. Aprikos macadamianøtt terte.......................................130
49. Blackberry krem nøtte terte...133
50. Gulrot-nøtt terte..136
51. Karamellnøttterte..138
52. Nøttefruktterter..141
53. Oransje paranøtter terte...143
54. Pinjekjerneterte...146
FRUKTTERTER..148
55. Mandel-aprikos terter...149
56. Alsace plommeterte..151
57. eple kake...153
58. Eple og rosin tarte tatin..155
59. Eple kanelterte..157
60. Eple tranebær opp-ned terte..159
61. Eple bringebær terte...161
62. Blåbærkjernemelkterte...164
63. Blandet fruktterte...167
64. Feriefruktterter..169
65. Regnbuefruktterte..171
66. Vaniljekrem fruktterte..174
67. Parisienne fruktterte...176
68. Premier hvit fruktterte..179
GRØNNSAKSTERTE..181
69. Alpint potetterte...182

70. Artisjokk terte..184

   71. Pumpkin Pie Cheesecake Tert..187

72. **Stekte grønnsaksterter**..189

73. **Stekt grønnsaks- og geitost briocheterte**........................191

74. **Velsmakende grønnsaksterte**...194

75. **Grønnsakskremterte**...197

OSTTERTER..200

76. **Alsace osteterte**...201

77. **Amaretto ostekake terter**..203

78. **Belgisk osteterte**...205

79. **Paprika og osteterte**..207

80. **Frokost ost terte**...210

81. **Kremet hvitløk og osteterte**..213

82. **Karri- og chutneyostterte**...215

83. **Fransk osteterte**..217

84. **Geitost og spinat terte**..220

85. **Gylden ananas-ostterte**...222

86. **Druer ånd ripsterte med fontinaost**..............................225

87. **Urteostterter**..227

88. **Middelhavsostterte**...230

89. **Sitron-ost terter**..233

90. **Papaya-kremostterte med macadamianøtter**...............235

91. **Ricotta ost og spinat terte**..238

92. **Southwest osteterte**..240

SVAMPTERT...242

93. **Eksotisk soppterte**..243

94. **flassete soppterter**..246

95. Grillet aubergine og soppterte..248
96. Filoterte med sopp..251
97. Røykfylt soppterte..253
98. Trippel soppterte..256
99. Villsopp og geitost terte..258
100. Villsopp og pecorino terte...261
KONKLUSJON..263

INTRODUKSJON

Velkommen! Denne kokeboken er designet for å tenne lidenskapen din for å lage deilige terter og tarteletter som vil imponere både familie og venner. Enten du er en erfaren baker eller nettopp har startet på din kulinariske reise, vil denne boken guide deg gjennom kunsten å lage uimotståelige bakverk fra bunnen av.

På disse sidene finner du en skattekiste av oppskrifter, nøye utvalgt for å tilby et mangfoldig utvalg av smaker og stiler. Fra klassiske fruktterter fulle av sesongens råvarer til salte tarteletter fulle av gourmetingredienser, det er noe for enhver smak. Målet vårt er å gi deg kunnskapen og teknikkene som er nødvendige for å oppnå perfekt bakte, gylne skorper og saftig fyll som får alle til å komme tilbake for mer.

Hver oppskrift er ledsaget av trinnvise instruksjoner, nyttige tips og vakre bilder for å inspirere og veilede deg på veien. Du vil lære hvordan du mestrer kunsten å lage en flassende og smøraktig skorpe, utforske ulike fyllingsalternativer og eksperimentere med unike smakskombinasjoner som vil heve ferdighetene dine til å lage terte til nye høyder.

Enten du er vertskap for et elegant middagsselskap, tilbereder en spesiell dessert for en du er glad i, eller bare nyter en søt godbit til deg selv, vil oppskriftene i denne kokeboken forvandle bakearbeidet til minneverdige kulinariske opplevelser. Så grip kjevlen din, støv av forkleet, og la oss legge ut på en herlig reise gjennom tertenes og tarteletternes verden!

SKORPE OG SKJELL

1. Grunnleggende flassende paiskorpe

Gjør: 1 terteskall

INGREDIENSER:
- 8 ss usaltet smør, kaldt
- 1 ⅓ kopper + 4 ss konditormel
- ¼ teskje salt
- 2 ½ til 3 ½ ss isvann
- 1 ½ ts cider eddik Valgfritt
- ⅛ teskje bakepulver

BRUKSANVISNING:
a) Del smøret i to deler, omtrent to tredjedeler til en tredjedel .
b) Skjær smøret i ¾-tommers terninger.
c) Pakk hver porsjon smør med plastfolie, kjøl den største mengden og frys den minste i minst 30 minutter.
d) Legg mel, salt og bakepulver i en frysepose på literstørrelse og frys i minst 30 minutter.
e) Tilsett den større mengden smørterninger i melet og bearbeid i ca 20 sekunder eller til blandingen minner om et grovt måltid.
f) Tilsett de resterende frosne smørterningene og puls til alt det frosne smøret er på størrelse med erter.
g) Tilsett den laveste mengden av isvannet og eddiken og puls 6 ganger. Klyp a liten mengde av blandingen sammen mellom fingrene.
h) For små 1-tommers tarteletter, slipp bakepulveret og la behandlingen fortsette akkurat til ballen dannes.
i) Hell blandingen i plastposen.
j) Hold begge endene av posens åpning med fingrene, elt blandingen ved å vekselvis trykke på den, fra utsiden av posen, med knokene og hælene på hendene til blandingen holder sammen i ett stykke og føles litt tøyelig når den trekkes.
k) Pakk deigen inn med plastfolie, flat den til en skive, og avkjøl i minst 45 minutter.

2. The Unshrinkable Sweet Tart Shell

Gjør: nok til en 9-tommers terteskorpe

INGREDIENSER:
- 1 ½ kopper allsidig mel
- ½ kopp konditorsukker
- ¼ teskje salt
- 1 pinne pluss 1 ss usaltet smør, kuttet i små biter
- 1 stort egg

BRUKSANVISNING:
a) Bland mel, sukker og salt sammen i bollen til en kjøkkenmaskin. Strø smørbitene over tørre ingredienser og pulser til smøret er grovt kuttet inn.
b) Rør eggeplommen, bare for å bryte den opp, og tilsett litt om gangen, pulserende etter hver tilsetning.
c) Når egget er i, bearbeid i lange pulser – omtrent 10 sekunder hver – til deigen, som vil se granulær ut like etter at egget er tilsatt, danner klumper og ostemasse. Rett før du når dette stadiet, vil lyden av maskinen som arbeider med deigen endre seg – heads up.
d) Vend deigen ut på en arbeidsflate og elt deigen veldig lett og sparsomt for å få inn noe tørre ingredienser som kan ha sluppet å blande. Avkjøl deigen, pakket inn i plast, i ca 2 timer før den rulles.
e) Slik ruller du deigen: Smør en 9-tommers riflet terteform med avtagbar bunn.
f)
g) Kjevle ut avkjølt deig på et melet ark med bakepapir til en 12-tommers runde, løft og snu deigen av og til for å frigjøre den fra papiret.
h) Bruk papir som et hjelpemiddel, snu deigen til en 9-tommers diameter terteform med avtagbar bunn; skrell av papiret.
i) Forsegle eventuelle sprekker i deigen.
j) Trim overheng to ½ tommer. Brett overhenget inn, og lag dobbelttykke sider.
k) Stikk hull i skorpen med en gaffel.

l) Alternativt kan du trykke deigen inn så snart den er bearbeidet: Trykk den jevnt over bunnen og opp på sidene av terteskallet.

m)   Frys skorpen i minst 30 minutter.

n) For å bake skorpen helt eller delvis: Sentrér en rist i ovnen og forvarm ovnen til 375 grader F. Smør den blanke siden av et stykke aluminiumsfolie og sett folien, med smørsiden ned, tett mot skorpen.

o) Og her er den aller beste delen: Siden du frøs skorpen, kan du bake den uten vekter. Sett terteformen på et bakepapir og stek skorpen i 20 til 25 minutter.

p) Fjern forsiktig folien. Hvis skorpen har puffet, trykk den forsiktig ned med baksiden av en skje.

q) Stek skorpen i ca. 10 minutter lenger for å steke den helt, eller til den er fast og gyllenbrun.

r) Sett pannen over på en rist og avkjøl skorpen til romtemperatur.

3. Osteterteskjell

Gir: 4 porsjoner

INGREDIENSER:
- ½ kopp Vegetabilsk Shortening
- 5 gram Amerikansk ostepålegg; 1 krukke
- 1½ kopper Ubleket mel

BRUKSANVISNING:
a) Kombiner matfettet og ostepålegget i en bolle.
b) Skjær mel i osteblandingen med to kniver til det er godt blandet.
c) Form til en rull 1¼-tommers i diameter og 12 tommer lang.
d) Pakk helt inn i vokset papir eller plastfolie.
e) Avkjøl i 1 time eller lenger. Forvarm ovnen til 375 grader F.
f) Ta deigen ut av kjøleskapet og pakk den ut. Skjær ⅛-tommers tykk.
g) Bruk 12 muffinskopper eller 3-tommers tertepanner, plasser 1 skive av deigen i bunnen av hver.
h) Overlapp 5 skiver rundt utsiden av hver.
i) Trykk dem forsiktig sammen. Stikk hull i bunnene og sidene med en gaffel.
j) Stek i 18 til 20 minutter i den forvarmede ovnen til den er lett brun.
k) Avkjøl i pannen på rist og fjern forsiktig skjellene når de er kalde å ta på.

4. Maismel skorpe terte skall

Gjør: 1 porsjon

INGREDIENSER:
- 2½ kopper maismel
- 1 ts salt
- 1 stikk kaldt usaltet smør; kuttet i biter
- 6 spiseskjeer solid grønnsaksforkorting; kald
- 5 spiseskjeer isvann

BRUKSANVISNING:
a) Bland sammen mel og salt i en bolle. Bruk hendene og arbeid smøret og matfettet inn i melet til blandingen minner om grove smuler. Dryss isvannet over blandingen 1 eller 2 ss om gangen. Samle deigen til en ball. Vend deigen ut på et melet underlag.
b) Bruk håndhælen til å elte deigen, dette vil blande smøret og matfettet og gjøre bakverket flakere. Avkjøl i 30 minutter. Kjevle deigen ut på en melet overflate til en sirkel 14 tommer i diameter og ⅛ tommer tykk.
c) Brett sirkelen av deigen forsiktig i to og deretter i to igjen, slik at du kan løfte den uten å rive den, og brett den ut til en 9-tommers terteform.

5. Friformede terteskjell

Gir: 4 porsjoner

INGREDIENSER:
- 1 egg blandet med 1 ts vann
- ¼ kopp granulert sukker
- 1 kopp mel
- ¼ teskje salt
- ⅛ teskjeer bakepulver
- 8 ss usaltet smør

BRUKSANVISNING:
a) I en foodprosessor kombinerer du sukker, mel, salt og bakepulver.
b) Når godt blandet, tilsett smøret og pulser maskinen til smøret er brutt opp i melblandingen.
c) Tilsett egg og vann og bearbeid til deigen danner en deig.
d) Overfør deigen til vokset papir; klapp den til en flat runde og avkjøl i 30 til 45 minutter eller til den har slappet av og du kan rulle den ut.
e) Del deigen i ca 8 like biter.
f) Kjevle ut bitene på et lett melet bord.
g) I stedet for å passe dem inn i tarteletskall og forbake dem, form dem bare til grove rundinger eller skjær dem i hjerter eller rektangler.
h) Overfør de frie formene til en bakeplate og avkjøl i 20 minutter mens du forvarmer ovnen til 400 grader.
i) Prikk deigen med en gaffel så deigen ikke blåser opp.
j) Stek i 10 til 12 minutter eller til kantene er brune.
k) Ta dem ut av ovnen til en rist og la dem avkjøles.
l) Når den er helt avkjølt, topp den med det du liker.

6. Sjokoladeskorpe

Gjør: 1 paiskorpe

INGREDIENSER:
- ¾ porsjon sjokoladesmule
- 8 g sukker
- 0,5 g kosher salt
- 14 g smør, smeltet

BRUKSANVISNING:
a) Puls sjokoladesmulene i en foodprosessor til de er sandete og ingen store klynger er igjen.
b) Ha sanden over i en bolle og bland med sukker og salt med hendene.
c) Tilsett det smeltede smøret og elt det inn i sanden til det er fuktig nok til å eltes til en ball.
d) Overfør blandingen til en 10-tommers paiform.
e) Med fingrene og håndflatene trykker du sjokoladeskorpen godt inn i formen, og pass på at bunnen og sidene av paiformen er jevnt dekket.
f) Innpakket i plastfolie kan skorpen oppbevares i romtemperatur i opptil 5 dager eller i kjøleskap i 2 uker.

7. Graham skorpe

Gjør: 2 kopper

INGREDIENSER:
- 190 g graham cracker smuler
- 20 g melkepulver
- 25 g sukker
- 3 g kosher salt
- 55 g smør, smeltet
- 55 g tung krem

BRUKSANVISNING:
a) Kast grahamssmulene, melkepulveret, sukkeret og saltet med hendene i en bolle for å fordele tørre ingredienser.
b) Pisk smør og kremfløte sammen.
c) Legg til tørre ingredienser og kast igjen for å fordele jevnt.

8. Mini terteskjell

Gjør: 20-22 miniskjell

INGREDIENSER:
- 3 kopper allsidig mel
- ⅛ teskje salt
- 1 ¼ kopper melis
- 3 eggeplommer
- 2 ts vaniljestangpasta eller vaniljeekstrakt
- 2 stenger usaltet smør

BRUKSANVISNING:
a) Sikt mel og salt. Sette til side.
b) I mikseren utstyrt med et kronblad, slå usaltet, romtemperert smør og melis til det er jevnt.
c) I en liten tallerken visp sammen eggeplommer og vaniljestangpasta eller vaniljeekstrakt.
d) Pisk eggeplommeblandingen gradvis inn i kremet smør.
e) Skrap bollen et par ganger etter behov.
f) På lav hastighet, tilsett melblandingen gradvis i smørblandingen.
g) Bland til det begynner å komme sammen. Hvis deigen er for smuldrete, tilsett 1 ts melk.
h) Vend deigen på en ren arbeidsflate eller i en bolle og samle deigen sammen med hendene til en ball.
i) Form deretter deigen til en skive, pakk den inn i folien og avkjøl i 1 til 2 timer
j) Forvarm ovnen til 350F.
k) Plasser små terteformer på en bakeplate. Spray med en no-stick spray, og sett til side.
l) Ta ut den avkjølte deigen, og del den i to. La det myke i 5 minutter.
m) Kjevle den ut mellom 2 pergamentark eller bruk Dough EZ Mat.
n) Rull den ut med ⅛ tommers rulleføringer.
o) Klipp ut så mange runder du kan. Samle utklipp og rull på nytt.

p) Form tertene og bruk en gaffel til å prikke bunnen av skjellene.
q) Stek ved 350F i 12-14 minutter til de er gylne rundt kantene.

9. Fransk søt terteskorpe

Gjør: 1 terteskall

INGREDIENSER:
- 1 ½ kopper mel, vanlig/universelt
- 6 ½ ss mykt melis
- 2 ½ ss mandelmel
- ¼ teskje salt
- 100g / 7 ss smør, usaltet, myknet, kuttet
- 1 stort egg, i romtemperatur

BRUKSANVISNING:
a) Visp sammen mel, melis, salt og mandelmel i en bolle.
b) Bruk fingertuppene til å gni smøret inn i tørre ingredienser til det ligner brødsmuler.
c) Bland med en gummispatel til det blir for vanskelig å røre lenger, bruk deretter hendene til å bringe det sammen til en deig.
d) Vend deigen ut på en arbeidsflate, og elt den for å få den sammen til en jevn ball.
e) Flat ut til en 2 cm / 0,8" tykk skive. Pakk inn med plastfolie og avkjøl i 30 minutter.
f) Pakk ut avkjølt deig. Legg på en lett melet arbeidsflate.
g) Kjevle ut til en 13-tommers runde.
h) Rull deigen lett på en kjevle. Rull den deretter forsiktig ut over terteformen.
i) Juster deigen slik at den passer inn i terteformen, passer inn i hjørnet, pass på at den ikke strekkes.
j) Rull kjevlen over terteformen for å trimme overflødig deig.
k) Prikk bunnen av deigen 30 ganger med en gaffel.
l) Avkjøl deigen i terteformen i 30 minutter.

10. Kremostterteskjell

Gjør: 24

INGREDIENSER:
- 3 gram kremost, myknet
- ½ kopp smør myknet
- 1 kopp universalmel

BRUKSANVISNING:
a) Bland kremost og smør eller margarin. Rør inn mel bare til det er blandet. Avkjøl i ca 1 time.
b) Forvarm ovnen til 325 grader F.
c) Form deigen til 24 1-tommers baller og trykk inn i usmurte 1 ½-tommers muffinskopper for å lage et grunt skall.
d) Fyll med favorittfyllet ditt og stek i 20 minutter, eller til skorpen er lysebrun.

11. Valnøtttarteletskall

Gjør: 12

INGREDIENSER:
- 2 kopper universalmel, pluss mer for å kjevle ut deigen
- ¼ teskje salt
- ½ kopp valnøtter
- ¾ kopp usaltet smør, avkjølt og kuttet i små biter

BRUKSANVISNING:
a) Ha mel, salt og valnøtter i bollen til en foodprosessor.
b) Puls til valnøttene er små, men ikke fine.
c) Tilsett smør, og pulser til blandingen ligner små erter, ca 15 sekunder.
d) Med maskinen i gang, tilsett ¼ kopp isvann gjennom materøret.
e) Puls til deigen så vidt begynner å komme sammen når du trykker på den med fingrene.
f) Form deigen til en ball. Flat ut til en skive, og pakk inn i plast.
g) Overfør til kjøleskapet, og avkjøl i minst 1 time.
h) Sett tjuefire 2-tommers tartelettpanner på en bakeplate.
i) Støv lett en ren arbeidsflate med mel. Kjevle ut deigen til en ⅛-tommers tykkelse. Bruk en skrellekniv og skjær deigen i tjuefire firkanter som er litt større enn pannene.
j) Trykk deigen i panner, og trim overhengende deig.
k) Plasser en annen tartelettform på toppen av hver foret form, og tyng ned deigen.
l) Avkjøl i 30 minutter til.
m) Forvarm ovnen til 375 grader.
n) Stek skjellene til de er lett brune på kantene, ca 10 minutter.
o) Fjern de øverste pannene og fortsett å bake til de er gjennomstekt og brunet over det hele, 12 til 15 minutter til.
p) Vend ut skjellene og legg dem over på rist for å avkjøles. Store skjell i en lufttett beholder i opptil 3 dager.

12. Phyllo terteskjell

Gjør: 12

INGREDIENSER:
- 1 rull frossen filodeig tint
- ½ pinne smør, smeltet

BRUKSANVISNING:
a) Forvarm ovnen til 375.
b) legg ut filodeigen på et skjærebrett. Bruk et pizzahjul til å skjære den i seks firkanter.
c) Dekk med et fuktig papirhåndkle.
d) Pensle innsiden av to muffinsformer med smeltet smør.
e) Avdekke 1 stabel med firkanter.
f) Pensle den ene laken med smeltet smør og legg den i en muffinsform og klapp ned.
g) Gjenta dette med fem ark.
h) Stek i en 375-graders ovn i 8 minutter eller til de er gyldenbrune.

13. Shortbread terteskorpe

Gjør: En 10-tommers terteskorpe

INGREDIENSER:
TIL DEIEN
- 12 ss kaldt smør, i terninger
- ⅔ kopp melis
- 2 eggeplommer
- 2 kopper universalmel

FOR EGGVASK
- 1 egg
- 1 ss vann

BRUKSANVISNING:
a) Ha smør, melis og eggeplommer i bollen til en foodprosessor utstyrt med bladet.
b) Puls til kombinert, men fortsatt flekkete med smør.
c) Tilsett melet og kjør maskinen akkurat til deigen kommer sammen når du klyper den mellom fingrene.
d) Vend deigen ut på et stort stykke bakepapir, elt et par ganger for å samle det hele, og klapp den til en skiveform.
e) Pakk godt inn i pergamentet og avkjøl i omtrent en halv time.
f) Forvarm ovnen til 350 ° F med en rist i midten.
g) Ta deigen ut av kjøleskapet og la den hvile på benken i 15 minutter.
h) Dryss litt mel på arbeidsflaten og over overflaten av deigen.
i) Kjevle ut deigen med en kjevle til en rundt 12-tommers sirkel.
j) Overfør deigen veldig forsiktig til en 10-tommers terteform med avtagbar bunn, trykk lett på deigen slik at den sitter tett mot bunnen og sidene av formen.
k) Prikk bunnen av skallet over det hele med en gaffel. Legg det hele på en bakeplate.
l) Legg et stykke bakepapir over skallet, pass på å dekke kantene.
m) Fordel rikelig med tørkede bønner eller paivekter over pergamentet, og dekk hele bunnen av terteskallet.

n) Stek i 15 minutter på denne måten, og fjern deretter pergamentet og bønnene.
o) Pensle skallet med litt eggvask.
p) Sett skallet tilbake i ovnen i minst 10 minutter til.
q) Ta ut av ovnen og avkjøl helt før du fyller.

14. Eggfri terteskorpe

Gjør at: 9,5-tommers terteskorpe

INGREDIENSER:
- 1 ¼ kopp 175 g universalmel
- ⅓ kopp 40 g konditorsukker
- ¼ ts kosher salt
- ½ kopp 115 g usaltet smør, kaldt og i terninger
- 1 ss 15 ml inndampet melk
- 2 ts 10 ml tung krem
- 1 ts 5 ml ren vaniljeekstrakt

BRUKSANVISNING:
Lag deigen:
a) Ha mel, sukker og salt i bollen til en kjøkkenmaskin, mikser eller bolle; puls å kombinere.
b) Tilsett det hakkede smøret og bearbeid i korte støt til blandingen minner om grovt måltid eller fine brødsmuler.
c) Med motoren i gang, tilsett den fordampede melken, fløten og vaniljen, og bearbeid/miks/rør til deigen kommer sammen til en ball og trekker seg rent fra sidene av bollen.
d) For hånd: Bland tørre ingredienser i en stor bolle.
e) Bruk en konditorkutter eller to kniver til å skjære smøret inn i melblandingen til konsistensen minner om grovt maismel.
f) Tilsett deretter våte ingredienser og bland med en gaffel til deigen kommer sammen.
g) Vend deigen ut på en lett melet overflate.
h) Ta deigen sammen og flat den til en form. Pakk inn i plastfolie og avkjøl i 1 time.
i) På en lett melet overflate ruller du deigen.
j) Mel kjevlen, rull deigen løst rundt den og rull den så ut i terteformen.
k) Bruk fingrene til å drapere den inn og klapp deigen forsiktig på bunnen og sidene av terteformen jevnt i stedet for å trekke eller strekke den.
l) Forsegle eventuelle sprekker i deigen om nødvendig.

m)   Skjær av overflødig deig med en skarp kniv eller med kjevlen ved å rulle over terteformen.
n) Prikk bunnen forsiktig flere ganger med en gaffel.
o) Dekk terteformen med plastfolie og sett i fryseren til den er stiv, ca 30 minutter.
p) Forvarm ovnen til 400ºF.
q) Kle den avkjølte terteskorpen med et dobbelt lag med bakepapir eller aluminiumsfolie.
r) Fyll skorpen med paivekter.
BAKE:
s) Stek ved 400ºF i 15 – 18 minutter, eller til kantene er stivnet, og papiret/folien ikke lenger fester seg til deigen.
t) Fjern terteskorpen fra ovnen. Fjern vekter og papir.
u) Slik steker du skorpen delvis: Etter at du har fjernet vektene, bakes i 5 minutter lenger.
v) For å steke skorpen helt: Etter å ha fjernet vektene, stek i ca. 10-12 minutter lenger, eller til den er gylden og sprø.
w) Ha over på rist og la avkjøles helt før du fyller.

15. Hel hvete terteskorpe

Gir: 9-tommers terteskorpe

INGREDIENSER:
- ¾ kopp margarin
- 1 ½ kopper fullkornshvetemel
- ½ ts salt
- 4 ss isvann, eller etter behov

BRUKSANVISNING:
a) Forvarm ovnen til 350 grader F.
b) Ha margarin i en bolle av rustfritt stål.
c) Bland med en elektrisk mikser utstyrt med et padlefeste på lav hastighet til det er litt mykt.
d) Hell i mel og salt; fortsett å blande på lav hastighet for å kombinere.
e) Hell gradvis i isvann til en deig dannes.
f) Del deigen i to. Pakk en del av deigen inn i plast og avkjøl til senere bruk.
g) Kjevle ut den andre delen av deigen på en lett melet overflate med en lett melet kjevle.
h) Form til en 9-tommers terteform. Prikk deigbunnen jevnt med en gaffel.
i) Stek i den forvarmede ovnen til skorpen er lett brunet, 10 til 15 minutter.

SJOKOLADETERTER

16. Trøffelterte med espressosaus

Gjør: 1 porsjon

INGREDIENSER:
- 1½ kopper Sjokolade Wafer smuler
- 6 ss søtt smør

FYLLING:
- 12 gram semi-søt sjokolade
- ½ kopp tung krem
- 1 stang søtt smør,
- Skjær i biter og myk
- 2 ss Kahlua likør
- 1 klype salt

SAUS:
- ½ kopp kremfløte
- 4 ss sukker
- ¼ kopp smør
- 1 ts Finmalt espresso
- 1 ts kaffe

BRUKSANVISNING:
a) Knus eller mal fine sjokoladevafler i en foodprosessor. Smelt smør og bland til smuler. Klapp i terte- eller paiform. Avkjøl til den er stiv før du fyller eller stek ved 300 grader i 15 minutter, avkjøl og fyll.
b) Fyll: Kombiner sjokolade, fløte, smør og Kahlua i en stor kjele og varm blandingen over moderat lav varme, rør til den er jevn. Fjern fra varmen, og la avkjøles i 30 minutter ved romtemperatur.
c) Hell i det avkjølte terteskallet og avkjøl i minst 3 timer.
d) Saus: Kombiner fløte, sukker og smør i en kjele. Kok over lav varme, rør ofte til blandingen koker. Kok i 5 minutter, rør av og til. Fjern fra varme. Rør inn espressogrunn.
e) For å servere, skje en moderat mengde varm saus på en tallerken. Topp med en del av terten.

17. Mørk sjokoladeterte med Gingersnap Crust

Gir: 10 porsjoner

SKORPE:
- 8 gram gingersnap cookies, grovt knust
- ¼ kopp saltet smør, smeltet

FYLLING:
- 12 gram bittersøt sjokolade, finhakket
- 1 kopp kraftig kremfløte
- 2 store eggeplommer
- 1 stort egg
- ¼ kopp sukker
- 1 ss universalmel
- ⅛ teskje nykvernet sort pepper
- Klype salt
- ¼ teskje kanel
- Myk pisket krem, til servering

BRUKSANVISNING:
FOR SKORPEN:
a) Forvarm ovnen til 325°F. Finmal gingersnap cookies i prosessoren.
b) Tilsett smeltet smør og bearbeid til det er fuktet.
c) Trykk smuleblandingen godt på bunnen og oppsidene av en 9-tommers diameter terteform med avtagbar bunn.
d) Plasser formen på den kantede bakeplaten.

FOR FYLLET:
e) Kombiner finhakket bittersøt sjokolade og kraftig kremfløte i en tykk middels kjele.
f) Pisk over svak varme til sjokoladen er smeltet og glatt.
g) Fjern kasserollen fra varmen.
h) Pisk eggeplommer, egg, sukker, mel, malt svart pepper, salt og kanel i en bolle for å blande.
i) Visp sjokoladeblandingen gradvis inn i eggedosisen til den er jevn og blandet.
j) Hell sjokoladefyllet i skorpen.

k) Stek sjokoladeterten til fyllet svulmer litt i kantene og midten er mykt stivnet i ca. 30 minutter. Overfør til stativ. Avkjøl terten i pannen i 20 minutter.

l) Fjern forsiktig terteformens sider og avkjøl terten helt.

m) Skjær terten i tynne skiver og server med mykt pisket krem.

18. Sjokoladebrownieterte

Gir: 10 porsjoner

INGREDIENSER:
- 1 kopp fluor
- ¼ kopp Tettpakket lys brunt sukker
- 1 unse Sjokolade; usøtet, revet
- ½ kopp Smør; kuttet i ½ tomme biter, godt avkjølt
- 2 spiseskjeer Melk
- 1 ts Vanilje
- 3 gram usøtet sjokolade
- 3 gram Halvsøt sjokolade
- ½ kopp Smør; romtemperatur, kuttet i biter
- 1½ kopper Sukker
- 3 egg; takten for å blande
- 2 teskjeer Vanilje
- ½ kopp Hakkede valnøtter
- ¾ kopp All-purpose mel
- 4 unser Halvsøt sjokolade; smeltet
- ¼ Smør; romtemperatur
- 2 teskjeer Vegetabilsk olje

BRUKSANVISNING:
FOR KONTAKTET:
a) Bland mel, brunt sukker og revet sjokolade i en bolle. Skjær i smør til blandingen minner om et grovt måltid. Bland inn melk og vanilje med en gaffel til det akkurat er blandet. Klapp deigen inn i bunnen og sidene av en 11-tommers terteform, mel fingertuppene etter behov hvis blandingen blir for klissete.
FOR FYLLET:
b) Forvarm ovnen til 350 grader. Smelt sjokoladen på toppen av en dobbel kjele satt over varmt vann. Fjern fra varmen og rør inn smør en bit om gangen.
c) Overfør blandingen til en bolle. Tilsett sukker og bland godt; blandingen vil være granulær.

d) Tilsett pisket egg, en tredjedel om gangen, bland godt etter hver tilsetning. Bland inn vanilje. Rør inn hakkede nøtter.

e) Tilsett mel gradvis, bland godt etter hver tilsetning. Hell i deigskall.

f) Stek til midten akkurat er stivnet og en tester satt inn i midten kommer ren ut, 20 til 25 minutter.

g) La terten avkjøles på rist.

FOR GLISREN:

h) Kombiner sjokolade, smør og olje i en bolle og bland til en jevn masse.

i) Avkjøl til en smørbar konsistens, visp av og til.

j) Fordel glasur over toppen av terten. Lys stå til glasuren setter seg.

k) Skjær i terninger til servering.

19. Sjokolade smør terter

Gjør: 12 terter

INGREDIENSER:
- 3 ruter bittersøt sjokolade
- 12 Ubakt med. terteskjell
- ¾ kopp Lettpakket brunt sukker
- ¼ kopp Maissirup
- 1 Egg
- 2 spiseskjeer Smør; myknet
- 1 ts Vanilje
- 1 ts Eddik
- klype Salt
- 1 Firkantet bittersøt sjokolade smeltet

BRUKSANVISNING:
a) Kutt hver av de tre rutene med sjokolade i 16 biter.
b) Legg 4 biter i bunnen av hvert terteskall. Visp sammen brunt sukker, maissirup, egg, smør, vanilje, eddik og salt. Hell i terteskjell, fyll tre fjerdedeler.
c) Stek på 450 grader i 12-14 minutter, eller til fyllet er oppblåst og sprudlende og bakverket er lett gyllent. Enkel avkjøling på stativer.
d) Drypp med smeltet sjokolade.

20. Sjokolade kokos mini terter

Gir: 36 porsjoner

INGREDIENSER:
- 14 oz søtet kondensert Melk
- 2 spiseskjeer Hasselnøttlikør eller vann
- 2 spiseskjeer Vann
- 1 pakke instantsjokolade

PUDDINGMIX
- 13 ¾oz pakke med myke makroner
- 1 kopp Finhakkede pekannøtter
- 2 spiseskjeer Usøtet kakaopulver
- ⅔ kopp Pisker krem

KOKOSKORPER
- Ristet kokosnøtt, valgfritt
- Pisket krem, valgfritt
- ⅓ kopp Smør eller margarin, smeltet

BRUKSANVISNING:
a) Kombiner søtet kondensert melk, likør eller vann og vann.
b) Tilsett puddingblanding og kakaopulver. Pisk til glatt.
c) Dekk til og avkjøl i 5 minutter.
d) Pisk ⅔ kopp kremfløte til myke topper; vend inn i sjokoladeblandingen.
e) Ha i kokosskorper. Avkjøl i 2 til 24 timer.
f) Pynt med ekstra pisket krem og ristet kokos om ønskelig.

KOKOSSKORPER:
g) Bland makroner, pekannøtter og smør.
h) Trykk 1 ss blanding i bunnen og oppsiden av 36 godt smurte 1¾" muffinskopper.
i) Stek i 375 graders ovn i 8-10 minutter eller til kantene er brune. Avkjøl på rist.
j) Løsne; fjern fra kopper.

21. Sjokolade hasselnøtt terte

Gir: 8 porsjoner

INGREDIENSER:
- 3 spiseskjeer Kakaopulver
- ¼ kopp Sukker
- 4 spiseskjeer Smør
- 1 egg
- 4 unser Bittersøt eller halvsøt sjokolade
- ¼ t natron
- 4 spiseskjeer Smør
- 1 kopp Mørk maissirup
- ½ kopp Sukker
- 3 egg
- 2 spiseskjeer Mørkerom

SJOKOLADEDEI
- 1 kopp ubleket universal
- Klype salt

FYLLING
- 2 kopper hele hasselnøtter

BRUKSANVISNING:
a) Sil teen tørre ingredienser sammen tre ganger.
b) Gni inn smøret og fukt med egget.
c) Form til en skive, pakk inn og avkjøl. Koking av sjokolade-hasselnøttfyllet.
d) Plasser hasselnøttene på en bakeplate og rist ved 350 grader F til skinnet er løst og løsner lett i ca. 10 minutter. Gni hasselnøttene i et håndkle for å fjerne skallet.
e) Hakk hasselnøttene grovt, for hånd, eller med en kjøkkenmaskin. Bland sjokoladen med smøret i en bolle. Kok opp en liten panne med vann og slå av varmen.
f) Plasser bollen med sjokolade og smør over det varme vannet og rør til det smelter. Bland maissirup og sukker i en panne. Kok opp på middels varme.

g) Fjern fra varmen og rør inn sjokoladeblandingen. Pisk egg og salt med den valgfrie rom. Pisk inn sjokoladeblandingen, pass på at du ikke slår for mye. Montering.

h) Mel arbeidsflaten og deigen lett. Rull deigen til en 14-tommers diameter skive, ⅛ tomme tykk.

i) Kle en 10-tommers terteform med deigen, trim bort overflødig.

j) Rør de hakkede hasselnøttene inn i fyllet og hell fyllet i pannen. Baking. Stek ved 350 grader F til fyllet er stivnet og skorpen er stekt i ca. 40 minutter. Holder. Oppbevar terten i romtemperatur i opptil 2 dager.

22. Sjokolade mascarpone nøtte terte

Gjør: 1 porsjon

INGREDIENSER:
- 1 kopp All-purpose mel
- ¾ kopp Granulert sukker
- ½ ts Salt
- 1 kopp Usøtet alkalisert kakaopulver
- 6 gram Avkjølt usaltet smør kuttet i ½-tommers biter
- 4 store Eggeplommer
- 6 gram Bittersøt sjokolade; finhakket
- 1 kopp Rømme
- 1 kopp Kremfløte
- ½ kopp granulert sukker; delt
- 2 store Egg
- 4 store Eggeplommer
- 2 teskjeer Maisstivelse
- 8 gram Mascarpone ost
- ¾ kopp Kremfløte
- 4 unser Kastanjepuré
- ½ kopp Konditorsukker
- 1 ts Vaniljeekstrakt

BRUKSANVISNING:
a) Kombiner mel, sukker, salt og kakaopulver i en foodprosessor utstyrt med et knivblad av metall. Pulser maskinen åtte til ni ganger for å blande. Strø smøret over melblandingen og pulser maskinen til smøret er kuttet inn i melet og blandingen minner om et grovt måltid.
b) Tilsett eggeplommene og fortsett å behandle i av/på-pulser kun til blandingen er jevnt innarbeidet og partiklene begynner å holde sammen. Skrap deigen på en arbeidsflate og form den til en ball. Flat den til en skive og pakk den inn i plastfolie. Avkjøl i 1 time.
c) Plasser en rist i midten av ovnen og forvarm til 350 grader F.
d) Ta den avkjølte platen ut av kjøleskapet. Legg deigen mellom to stykker plastfolie og rull deigen til en liten runde. Løft og roter

deigen en kvart omdreining etter hver rull. Fortsett å rulle til sirkelen måler omtrent 14 tommer i diameter og er omtrent ⅛ tommer tykk. Fjern det øverste laget av plastfolie.

e) Rull deigen forsiktig rundt kjevlen og overfør den til en 12-tommers riflet terteform med avtagbar bunn. Rull ut deigen i pannen. Løft kantene på deigen og trykk deigen forsiktig inn i bunnen og opp på sidene av formen. Kutt av overflødig deig. Avkjøl deigen i 20 til 30 minutter, til den er fast.

f) Stek terteskallet i 20 til 30 minutter eller til det er stivnet. Legg på rist og avkjøl helt.

SJOKOLADEKREM:

g) Ha den hakkede sjokoladen i en bolle og sett til side.

h) I en ikke-etsende middels kjele koker du opp rømme, tung fløte og ¼ kopp sukker på middels høy varme.

i) I en bolle ved hjelp av en håndholdt elektrisk mikser, pisk eggene, eggeplommene, maisstivelsen og den resterende ¼ koppen sukker på middels hastighet til blek. Visp en tredjedel av den varme fløteblandingen inn i eggedosisen og ha hele blandingen tilbake i pannen.

j) Kok over middels høy varme mens du hele tiden rører med en visp i 3 til 5 minutter eller til den er tykk. Hell den tyknede blandingen over den reserverte sjokoladen og visp til den er innlemmet.

k) Skrap blandingen inn i den tilberedte skorpen og jevn toppen med en gummispatel. Avkjøl i kjøleskapet i 2 timer.

MASCARPONE TOPPING:

l) I en 4½-liters bolle med en kraftig elektrisk mikser, bruk wirepisk-tilbehøret, bland sammen mascarpone, tykk fløte, kastanjepuré, konditorsukker og vanilje.

m) Pisk på middels høy hastighet til det dannes myke topper. Legg blandingen i en konditorpose utstyrt med en middels stjernetupp og rør i et skallmønster som dekker toppen av den avkjølte terten.

n) Avkjøl terten i 1 time før servering.

23. Sjokolade miniatyr terter

Gir: 50 porsjoner

INGREDIENSER:
- 2¼ kopper All-purpose mel
- ¾ kopp Margarin
- ⅓ kopp Konditorsukker
- ⅔ kopp Halvsøte sjokoladebiter
- 2 spiseskjeer Margarin
- ½ kopp Sukker
- ½ kopp Maissirup
- 2 Egg
- ¼ kopp Pekannøtter, hakket
- 1 kopp Tørket kokosnøtt

BRUKSANVISNING:
a) Bland mel, ¾ kopp margarin og melis. Press ca. 1 ts bakverk jevnt mot bunnen og sidene av usmurte små muffinskopper.
b) Smelt sjokoladebiter og 2 ss margarin i en dobbelkoker over kokende vann til chips og margarin er smeltet; fjern fra varme.
c) Bland inn sukker og sirup; slå inn egg.
d) Hell 1 til 2 ts av sjokoladeblandingen inn i hvert terteskal, og fyll kun til ¾ full.
e) Dryss over pekannøtter og kokos.
f) Stek i forvarmet 350 graders ovn i 20 til 25 minutter.
g) Avkjøl i noen minutter.
h) Fjern forsiktig fra muffinskoppene med tuppen av en kniv. Avkjøl helt. Topp med søtet kremfløte om ønskelig.

24. Sjokoladetrøffelterte med bringebær

Gir: 6 porsjoner

INGREDIENSER:
- 1 kopp Mel, allsidig
- ½ kopp Sukker, granulert
- ½ kopp Kakaopulver
- 3 gram Smør; avkjølt
- 1 Egg
- 6 gram Halvsøt sjokolade; hakket
- 2 kopper Pisker krem
- 3-4 kopper bringebær

BRUKSANVISNING:
SJOKOLADEDEIG:
a) Bland mel, sukker og kakao i bollen til en foodprosessor.
b) Puls 2 eller 3 ganger for å lufte. Kutt smøret i biter og fordel over melet.
c) Med motoren i gang, slipp inn hele egget gjennom materøret.
d) Bearbeid veldig kort - ikke la deigen komme sammen, da blir bakverket ditt seigt.
e) Ta deigen ut av arbeidsbollen og sett til side i romtemperatur til fyllet er laget.
TRØFFELFYLLING:
f) Legg den hakkede sjokoladen i en middels stor bolle, og kok opp fløten på middels høy varme.
g) Hell over sjokoladen og visp til all sjokoladen er smeltet. Dekk til med plastfolie og avkjøl til du ser.
h) Forvarm ovnen til 375F. Arbeid sjokoladedeigen med hendene og trykk den ned i en terteform med avtagbar bunn; prøv å få en jevn tykkelse. Avkjøl i 20 minutter. Prikk bunnen av deigen med en gaffel.
i) Stek i forvarmet ovn i 20 til 25 minutter. Avkjøl helt. SMELTE
MONTERING:

j) Fjern terten forsiktig fra formen og legg den på en tallerken. Hell over trøffelfyllet i skallet og jevn overflaten. Ordne bringebærene over toppen i konsentriske sirkler.

25. Tranebær og hvit sjokolade terte

Gjør: 1 porsjon

INGREDIENSER:
- 2½ kopper Tranebær; fersk eller frossen og tint
- ¼ kopp Fersk appelsinjuice
- ½ kopp Sukker
- 1 kopp Malte blancherte mandler
- 1⅔ kopp Ubleket universalmel
- ½ kopp Sukker
- ½ ts Bakepulver
- 1 ts Malt kanel
- ¼ teskje Malt mace
- ½ pund Kaldt usaltet smør; kuttet i 16 biter
- 1 stor Egg
- 1 stor Eggeplomme
- 1 ts Vaniljeekstrakt
- 6 gram Hvit sjokolade; hakket
- Melis; for støvtørking

BRUKSANVISNING:
a) Kok tranebær, appelsinjuice og sukker i en middels gryte på middels varme til blandingen koker.
b) Reduser varmen til middels lav og la det småkoke, rør av og til, til væsken blir tykk og sirupsaktig, ca. 10 minutter. Tranebærblandingen vil ha en syltetøyaktig konsistens. Sett til side for å avkjøle grundig, ca 30 minutter. Blandingen vil tykne til et fast syltetøy når den er avkjølt.
c) Sett en ovnsrist midt i ovnen og forvarm ovnen til 350 grader. Smør en 9-tommers springform.
d) I bollen til en elektrisk mikser kombinerer du mandler, mel, sukker, bakepulver, kanel og muskatblomme. Bland på lav hastighet bare for å blande ingrediensene, ca 10 sekunder. Tilsett smøret og bland til de fleste smørbitene er på størrelse med erter, ca 1 minutt. Blandingen vil se smuldrende ut og smulene vil variere i størrelse.

e) Mens mikseren går, tilsett egget, eggeplommen og vaniljen. Bland til blandingen henger sammen og trekker seg bort fra sidene av bollen, ca. 30 sekunder. Reserver 1 kopp av blandingen til gitteretoppingen og avkjøl den mens du forbereder skorpen.

f) Trykk den gjenværende deigen jevnt over bunnen og 1¼-tommer opp på sidene av den forberedte pannen. Dryss den hvite sjokoladen jevnt over skorpen. Bruk en tynn metallspatel til å fordele den avkjølte tranebærblandingen jevnt over den hvite sjokoladen.

g) Fjern den reserverte deigen fra kjøleskapet. Bruk omtrent 2 ss av deigen for de lengste tauene og mindre for de kortere tauene, rull biter av deigen frem og tilbake for å danne tau av deig ca. ½ tomme i diameter. Hvis tauene ryker, klem dem sammen igjen.

h) Sett et 9-tommers langt tau over midten av terten. Plasser tauene ca. 2 tommer fra hverandre, plasser et tau ca. 8 tommer langt på hver side av sentertauet. Plasser et tau som er omtrent 4 ½-tommer langt nær hver ende av terten. Du vil ha 5 tau av deigen over toppen av terten.

i) Snu terteformen en halv omgang og legg 5 flere tau jevnt over toppen av terten for et gittermønster. Stek terten til toppen er gyllenbrun, ca 1 time. Avkjøl terten godt i pannen. Dryss over melis før servering.

26. Dobbel sjokoladekremterte

Gir: 12 porsjoner

INGREDIENSER:
- 1 kopp All-purpose mel; delt
- ¼ kopp Isvann
- 1 ss Vanilje; delt
- ¾ kopp usøtet kakao; delt
- 2 spiseskjeer Sukker
- ¼ teskje Salt
- ¼ kopp Vegetabilsk matfett
- Matlagingsspray
- 14 gram kan fettfri søtet kondensert melk
- 6 gram ⅓ kremost med lavt fettinnhold; myknet
- 1 stor Egg
- 1 stor Eggehvite
- 1½ kopper Frossen redusert kalori pisket topping; tint
- 1 unse Halvsøt sjokolade; finhakket

BRUKSANVISNING:
a) Forvarm ovnen til 350°. Kombiner ¼ kopp mel, isvann og 1 ts vanilje, rør med en visp til det er godt blandet; sette til side.
b) Kombiner ¾ kopp mel, ¼ kopp kakao, sukker og salt i en bolle; skjær i matfett med en konditormikser eller 2 kniver til blandingen minner om et grovt måltid.
c) Tilsett isvannblanding; rist med en gaffel til det er fuktig og smuldret.
d) Trykk forsiktig blandingen inn i en 4-tommers sirkel på kraftig plastfolie; dekk til med ekstra plastfolie.
e) Rull deigen, fortsatt dekket, til en 13-tommers sirkel.
f) Sett deigen i fryseren i 30 minutter eller til plastfolien lett kan fjernes.
g) Fjern det øverste arket med plastfolie; Plasser deigen med avdekket side ned i en 10-tommers rund, avtagbar bunn terteform belagt med matlagingsspray.
h) Fjern resten av plastfolien. Brett kanter.

i) Stikk hull i bunnen og sidene av deigen med en gaffel; stek ved 350° i 4 minutter.

j) Avkjøl på rist. Plasser terteformen på en bakeplate; sette til side.

k) Pisk ½ kopp kakao og melk på middels hastighet i en mikser til det er blandet.

l) Tilsett ost; slå godt. Tilsett 2 ts vanilje, egg og eggehvite; pisk bare til den er jevn.

m) Hell blandingen i skorpen; stek ved 350° i 25 minutter eller til stivnet.

n) Fordel pisket topping over terten; dryss over hakket sjokolade.

27. Fudgy sjokoladeterte

Gir: 12 porsjoner

INGREDIENSER:
- 8 gram bittersøt sjokolade; delt i biter
- ⅓ kopp Margarin eller smør
- 2 store egg; i romtemperatur
- 1 ts Vaniljeekstrakt
- ⅓ kopp Granulert sukker
- ¾ kopp All-purpose mel
- ¼ teskje Salt
- 4 unser Mascarpone ost; i romtemperatur

BRUKSANVISNING:
a) Denne festlige desserten er herlig rik og har en kakeaktig tekstur med aksent med søt, kremet mascarponeost.
b) Forvarm ovnen til 350 grader. Smør en 9-tommers terteform med avtagbar bunn; sette til side.
c) I en liten tykk kasserolle smelter du sjokolade og margarin på lav varme, mens du rører ofte. Fjern fra varme.
d) I en bolle, pisk egg og vanilje med en elektrisk mikser på middels hastighet i 30 sekunder. Pisk gradvis inn sukker; slå i 1 minutt. Pisk inn sjokoladeblandingen, skrap ned sidene av bollen en gang. Pisk inn mel og salt på lav hastighet til det er blandet. Fordel røren jevnt i den tilberedte pannen.
e) Ha ost i en bolle og rør godt med en gaffel. Dropp en teskje tilfeldig over overflaten av sjokoladerøren. Bruk en skarp kniv og virvl osteblandingen inn i sjokoladeblandingen for å skape en marmoreringseffekt.
f) Stek til midten akkurat er satt, 20 til 25 minutter. Fjern pannen på rist og avkjøl helt. Dekk terten med plastfolie; legg i en stor frysepose av plast og frys i opptil 6 uker før servering.
g) Tin helt i romtemperatur. Fjern fra terteformen.
h) Skjær i terninger og server.

28. Frisk frukt og sjokoladeterte

Gir: 8 porsjoner

INGREDIENSER:
- 1¼ kopper Mel
- 4 unser Stick smør; myknet
- 3 spiseskjeer Sukker
- 1 ts Vaniljeekstrakt
- ¼ kopp Pecannøtter eller valnøtter finhakket
- 1 kopp Melkesjokoladebiter
- ⅓ kopp Rømme
- Frisk frukt i sesongen
- 3 spiseskjeer aprikos eller frøfri
- Bringebærsyltetøy

BRUKSANVISNING:
a) Forvarm ovnen til 400°F.
SKORPE
I en bolle kombinerer du mel, smør, sukker, ½ ts vanilje og pekannøtter. Bland med en gaffel til blandingen minner om fine smuler. Elt til deigen holder sammen.
b) Trykk deigen fast og jevnt på bunnen og sidene av en 9½-tommers riflet metallterteform med avtagbar bunn.
c) Stek i 14 til 16 minutter, eller til de er gylne. Litt kult.
FYLLING
d) I en 2-kopps glassmålebeger, varm sjokoladebitene i mikrobølgeovnen på høy i ca. 1 min, eller til den er helt smeltet og jevn når den røres. Rør inn rømme og den resterende ½ ts vanilje.
e) Fordel fyllet jevnt over den avkjølte skorpen. Avkjøl i 2 til 3 timer, eller over natten.
f) Omtrent 1 time før servering, skjær fersken, nektariner, kiwi eller cantaloupe i skiver eller halvmåner; tøm frukten på tørkepapir hvis den er ekstremt saftig. Ordne i konsentriske sirkler eller andre design på toppen av sjokoladefyllet.

g) Fyll på med druer og bær til toppen er helt dekket med frukt. Varm syltetøy i mikrobølgeovn eller over svak varme til det smelter. Pensle syltetøy over frukt. Avkjøl til servering.

h) Rett før servering fjerner du siden av pannen og legger terten på et serveringsfat.

29. Krydret sjokoladeterte

Gjør: 1 porsjon

INGREDIENSER:
- 1 kopp Ubleket universalmel
- 2 spiseskjeer Kakaopulver
- ¼ kopp Sukker
- 1 klype Salt
- ½ ts Bakepulver
- 4 spiseskjeer Usaltet smør
- 1 stor Egg
- ⅓ kopp Vann
- ⅓ kopp Sukker
- ½ Stikk usaltet smør
- 6 gram halvsøt sjokolade
- 3 store Egg
- 1 ts Malt kanel
- ½ ts Malt nellik

BRUKSANVISNING:

a) Til deigen: Ha mel i en bolle og sikt kakaopulveret over. Rør inn sukker, salt og bakepulver. Gni inn smøret fint, og la blandingen være kjølig og pulveraktig. Pisk egget og rør det inn i deigen. Trykk deigen sammen og pakk inn og avkjøl den.

b) Forvarm ovnen til 350 grader og sett rist i nedre tredjedel av ovnen. På en melet overflate ruller du deigen og legger en smurt 10-tommers terteform. Sette til side.

c) I en kjele, over middels varme, kok opp sukker og vann. Tilsett smør og fortsett oppvarmingen for å smelte smør. Av varme visp inn finkuttet sjokolade. Pisk egg med krydder, og pisk deretter inn en sjokoladeblanding. Hell i terteskallet.

d) Stek i ca 30 minutter, til de er gjennomhevet og fast. Avkjøl på rist.

e) Ta ut terten og server med søtet kremfløte.

30. Jordbær hvit sjokolademousse terte

Gir: 8 porsjoner

INGREDIENSER:
KAKE:
- 1¾ kopper Ubleket mel
- ¼ kopp Fast pakket lysebrun Sukker
- 2½ ts Appelsinskall, revet
- ⅛ teskje Salt
- 1¾ Stikker usaltet smør
- 1½ spiseskjeer Fersk appelsinjuice
- 1 Eggeplomme
- 1 ts Vaniljeekstrakt
- 2 gram hvit sjokolade

MOUSSE:
- 6 gram hvit sjokolade
- ¼ kopp Kremfløte
- 1 stor Eggehvite
- 1 ss Sukker
- ½ kopp Pisket krem, pisket
- 2 spiseskjeer Grand Marnier
- 1 stor Jordbær, med stilker
- 25 store Jordbær, uthulet
- ½ kopp Jordbærsyltetøy

BRUKSANVISNING:
a) Til bakverket: Bland de første 4 ingrediensene i en bolle. Tilsett smør og skjær i blandingen til det ligner et fint måltid. Bland appelsinjuice med eggeplomme og vanilje. Tilsett nok juiceblanding til å tørke ingrediensene til å danne en ball som kommer sammen.

b) Samle deigen til en ball og flat den til en rund 12-tommers runde.

c) Plasser risten i midten av ovnen og forvarm til 375 grader.

d) Kjevle ut deigen mellom ark med plastfolie til en tykkelse på ⅛ tomme. Trim til en 11-tommers sirkel.

e) Fjern plastfolie fra toppen og vend inn i en 10-tommers rund springform med avtagbar bunn. Fjern plastfolie og trykk inn i bunnen og oppsiden av pannen ... krymp toppkantene.

f) Frys i 15 minutter. Kle terteskallet med aluminiumsfolie og tilsett paivekter eller bønner.

g) Stek til sidene er stivnet - ca 10 minutter.

h) Fjern folie og vekter. Stek skorpen til den er gyldenbrun - ca 16-20 minutter.

i) Dryss to unser hvit sjokolade over den varme skorpen. Lett å stå i ca 1 minutt.

j) Bruk baksiden av en skje og fordel sjokolade over bunnen og sidene.

k) Overfør til en rist for avkjøling.

31. Svensk sjokoladedessert kongens terter

Gir: 6 porsjoner

INGREDIENSER:
- 2¼ kopper Pillsburys beste universalmel
- ½ kopp Sukker
- ⅓ kopp Kakao
- ½ ts Dobbeltvirkende bakepulver
- ½ ts Salt
- ¾ kopp Smør
- 1 egg; litt slått
- 1 ss Melk - Fylling
- 1 Egg
- ¼ kopp Sukker
- ¼ kopp Pillsburys beste universalmel
- 1 kopp Melk
- 1 ts Fransk vanilje
- ½ kopp Piskefløte -Til sjokoladefyll---
- 3 spiseskjeer Kakao
- 3 spiseskjeer Sukker -Sjokoladeglasur---
- 2 spiseskjeer Smør; smeltet
- 2 spiseskjeer Kakao
- ½ kopp Konditorsukker
- 1 Eggeplomme
- ¼ teskje Fransk vanilje

BRUKSANVISNING:
a) STEK ved 375 grader i 12 til 15 minutter.
b) Sikt sammen mel, sukker, kakao, bakepulver og salt.
c) Kutt i smør til partikler er på størrelse med små erter.
d) Tilsett 1 litt sammenpisket egg og 1 to ss melk; bland med en gaffel eller konditormikser.
e) Legg på et stort, usmurt stekebrett.
f) Kjevle ut på en bakeplate med en melet kjevle til et 15 x 11-tommers rektangel.

g) Trim kantene med en kniv eller konditorhjul. Skjær i tre 11 x 5-tommers rektangler.

h) Stek i moderat ovn, 375 grader, i 12 til 15 minutter.

i) Avkjøl på stekeplaten. Løsne forsiktig med en slikkepott.

j) Stable lag på toppen av papp dekket med aluminiumsfolie, spre fyllet mellom lagene til innenfor ¼ tomme av kanten.

k) Frost topp. om ønskelig, dekorer med ristede mandler. Avkjøl til frostingen har stivnet.

l) Pakk løst inn i aluminiumsfolie; avkjøl over natten.

FYLLING:

m) Pisk 1 egg til det er lett og luftig.

n) Tilsett sukker gradvis, pisk hele tiden til det er tykt og lett. Bland inn mel.

o) Tilsett melk som er skåldet gradvis på toppen av en dobbel kjele.

p) Sett blandingen tilbake i dobbel kjele. Kok over kokende vann under konstant omrøring til den er tykk og jevn. Tilsett vanilje; kul.

q) Pisk ½ kopp kremfløte til den er tykk og vend inn i fyllet.

r) Kombiner ½ kopp kremfløte, kakao og sukker. Pisk til det er tykt.

SJOKOLADESI:

s) Kombiner smeltet smør, kakao, konditorsukker, eggeplomme og vanilje. Pisk til glatt.

32. Hvit sjokolade banankrem terte

Gir: 8 porsjoner

INGREDIENSER:
- ½ kopp usaltet smør, romtemperatur
- 6 spiseskjeer Sukker
- 1 stor Egg
- 1 kopp Pluss 6 T allsidig mel
- 3 store Eggeplommer
- 2 spiseskjeer Sukker
- 2 spiseskjeer Maisstivelse
- 1 kopp Melk
- ½ Vaniljestang delt på langs
- 3 gram Importert hvit sjokolade finhakket
- 1 ss Usaltet smør
- ½ kopp Avkjølt kremfløte
- 3 Bananer, skrelt
- 1½ spiseskjeer Bananlikør
- 1 ss Fersk sitronsaft
- 4 unser Importert hvit sjokolade, barbert med en grønnsaksskreller

BRUKSANVISNING:
KAKE:
a) Bruk en elektrisk mikser, pisk smør og sukker i en bolle til det akkurat er blandet.

b) Tilsett egg; pisk til det er blandet. Tilsett mel og pisk i 2 minutter.

c) Samle deigen til en ball og flat den til en skive.

d) Pakk inn i plast og avkjøl i 3 timer.

e) Forvarm ovnen til 375'F. Kjevle ut deigen på en melet overflate til en rund 12-tommers diameter.

f) Overfør til en 9-tommers diameter terteform med avtagbar bunn.

g) Trim skorpen, etterlater et ¼-tommers overheng. Reserver bakverksrester.

h) Brett kantene over to former dobbelttykke sider. Frys i 15 minutter. Kle deigen med folie.
i) Fyll med tørkede bønner eller paivekter. Stek i 15 minutter. Fjern folie og bønner.
j) Reparer eventuelle sprekker med reserverte bakverksrester. Stek til de er gyldne, ca 20 minutter.
k) Avkjøl helt.
FYLLING:
l) Pisk eggeplommer, sukker og maisenna i en bolle til det er blandet.
m) Hell melk i en tung panne. Skrap inn frø fra vaniljestang; tilsett bønne.
n) Gi blandingen et oppkok.
o) Visp melkeblandingen inn i eggedosisen.
p) Ha blandingen tilbake i samme kasserolle og kok opp under konstant vispning. Sil over i en bolle.
q) Tilsett 3 gram hakket hvit sjokolade og smør; rør til det er smeltet. Dekk til og avkjøl i minst 3 timer.
r) Pisk kremfløte i en bolle til stive topper. Vend inn i den hvite sjokoladekremen. Skjær bananer i ¼-tommers tykke skiver.
s) Overfør til en bolle; tilsett likør og sitronsaft og bland. Brett bananene inn i konditorkremen. Skje fyll inn i terteskallet, hakk i midten.
t) Topp med sjokoladespon. Avkjøl i minst 1 time og opptil 6 timer.

33. Onde mørk sjokoladeterte

Gjør: 1 porsjon

INGREDIENSER:
- 250 gram usaltet smør
- 125 gram vaniljesukker
- 250 gram vanlig mel
- 125 gram Semulegryn
- 180 gram mørk bitter sjokolade
- 5 spiseskjeer Cognac
- 4 Egg
- 3 spiseskjeer Maismel
- 400 gram strøsukker
- 600 milliliter Enkel krem
- 1 Vaniljestang
- 125 gram usaltet smør

BRUKSANVISNING:
a) Forvarm ovnen til 180C/gass 4. Tilbered smurkaken. Rør smør og vanjesukker i en bolle til det er lett og luftig.
b) Bland mel og semulegryn. Tilsett smøret gradvis til det dannes en smuldrete deig. Elt deigen forsiktig og forsiktig til den binder seg sammen og overflaten er glatt. Kjevle ut tynt for å kle 6 løsbunnede 4-tommers terteformer. Prikk baser. Avkjøl godt i en time. Kle med folie og bakebønner.
c) Stek konditorer blinde i ca 20 minutter i forvarmet ovn til de er gjennomstekt. Fjern bønner og folie og fortsett å tørke ut i ovnen om nødvendig. Forbered sjokoladefyllet. Knekk sjokoladen i firkanter. Legg i en bolle over en kjele med vann eller en dobbel kjele. Tilsett konjakk til sjokolade.
d) Varm forsiktig til sjokoladen er smeltet. Pisk egg i en bolle. Bland inn maismel og sukker og tilsett eventuelt litt fløte.
e) Varm opp den resterende fløten i en kjele med vaniljestang til nesten kokende.
f) Rør varm fløte inn i den blandede eggedosisen.

g) Skyll krempannen i kaldt vann. Returner blandingen til å betale og tilsett smeltet sjokolade. Kok forsiktig under konstant omrøring til blandingen tykner og maismelet er kokt. Smak på blandingen for å sjekke at den ikke er melete. Dette vil ta mellom 6-8 minutter. Fjern vaniljestangen.

h) Avkjøl fyllet litt. Myk opp smør og la det avkjøles. Pisk myknet smør inn i sjokoladefyllet. Hell i avkjølte terter og la stivne.

i) Når de er kalde, lag sjokoladeblader med litt smeltet sjokolade og bruk dem til å dekorere tertene.

SJØMATTERTER

34. Alaskan sjømatterter

Gir: 6 porsjoner

INGREDIENSER:
- 418 gram hermetisert rosa Alaskan laks
- 350 gram Pakke filodeig
- 3 ss valnøttolje
- 15 gram margarin
- 25 gram vanlig mel
- 2 ss gresk yoghurt
- 175 gram sjømatpinner; hakket
- 25 gram valnøtter, hakket
- 100 gram revet parmesan ELLER revet cheddarost

BRUKSANVISNING:
a) Forvarm ovnen til 80 C, 350 F, gassmerke 4. Smør lett 8 individuelle paiformer eller ovnsfaste puddingboller.
b) Tøm boksen med laks og lag saften opp til 200ml / 7fl.ounce med vann til fiskekraft. Flak laksen. Sette til side.
c) Pensle hvert ark filodeig med olje og brett i seksten 12,5 cm / 5 tommers firkanter. Legg en firkant i hver paiform og la de spisse hjørnene stikke ut over kanten.
d) Pensle med olje og legg deretter en annen firkant av deigen på den første, men med hjørnene pekende opp mellom de originale for å skape en vannliljeeffekt. Pensle punktene godt med olje og stek deretter i 5 minutter for å stivne, men ikke brune. Ta den ut av ovnen.
e) Reduser ovnstemperaturen til 150 C, 300 F, gassmerke 2. Smelt margarinen og rør inn melet. Bland inn fiskekraften, pisk godt for å fjerne klumper. Rør yoghurt, sjømatstenger, valnøtter og flaklaks inn i sausen og del likt mellom de 8 konditorformene.
f) Dryss brødsmulene over toppen, og sett deretter tilbake i ovnen for å varmes opp i 5-8 minutter eller til osten og bakverket har blitt gyldenbrunt. Server umiddelbart.

35. Languster og krydret osteterte

Gir: 6 porsjoner

INGREDIENSER:
- 1 hjemmelaget eller tilberedt basispaideig, kjølt
- 3 ss smør
- ¼ kopp rød pepper i terninger
- ½ kopp løk i terninger
- 3 ss fluor
- 1 pund languster haler
- 1 kopp revet varm pepper Monterey jack ost
- 2 spiseskjeer hakket grønn løk
- 1 salt; to nøkler
- 1 kajennepepper; to nøkler

BRUKSANVISNING:
a) Forvarm ovnen til 350 grader. Rull ut deigen til en 10-tommers sirkel på en melet overflate. Overfør til et stort lett smurt kakepapir.
b) Smelt smør i en sautépanne. Når det begynner å skumme, tilsett rød paprika og løk, og stek i 2 minutter. Tilsett mel og kok under omrøring i 3 minutter. Tilsett langust og kok i 2 minutter til. Fjern fra varmen og bland inn ost og grønn løk.
c) Smak til med salt og cayenne. Mound crawfish blanding i midten av kringle sirkelen, etterlater en 2- til 3-tommers kant av bakverket. Brett overflødig deig over fyllet, legg det over, men ikke dekk fyllet helt. Arbeid rundt sirkelen, fortsett å brette over forrige fold, til den danner en rustikk, fri form terte.
d) Skyv kakeplaten inn i ovnen og stek i 35 minutter.

36. Kamskjell og blåmuggostterte

Gjør: 1 porsjon

INGREDIENSER:
- 6 store Kamskjell
- 8 Rødløk
- 6 oz Blå ost
- 2 oz Mascarpone ost
- 1 Eggeplomme
- 4 oz spinatblader
- Eddik
- Sukker
- rødvin
- Persille

BRUKSANVISNING:
a) For å lage denne retten må du koke løken først.
b) For å gjøre dette skjær dem i tynne skiver og kok dem i litt olivenolje. Kok dem sakte i ca 30 minutter med eddik.
c) Kjevle ut deigen og kle en smurt form med den tynne deigen før du lager fyllet. Lag fyllet ved å blande mascarpone og blåmuggost med eggeplomme og krydder.
d) Blindbak deigen i en varm ovn. Fjern og fyll med blandingen og de skivede kamskjellene. Stek i ovnen og ta ut av formen. Server med løksyltetøyet ved siden av.

37. Kremet røkelaks og dillterte

Gir: 6 porsjoner

INGREDIENSER:
- 5 Filoark - tint
- 3 spiseskjeer Usaltet smør - smeltet
- 4 store Eggeplommer
- 1 ss Dijonsennep - PLUSS 1 ts
- 3 store Egg
- 1 kopp Halv og halv
- 1 kopp Pisker krem
- 6 gram Røkt laks - hakket
- 4 Grønn løk - hakket
- ¼ kopp Dill - fersk, hakket ELLER 1 T. tørket dillluke
- Dillkvister

BRUKSANVISNING:
a) Smør sjenerøst en 9½-tommers diameter dyp tallerken pai tallerken.
b) Legg 1 filoark på arbeidsflaten.
c) Pensle filoplaten med smør og brett den i to på langs. Pensle foldet overflate med smør.
d) Skjær i to på tvers. Plasser 1 filo-rektangel, med smørsiden ned, i den tilberedte paiplaten, dekker bunnen og la deigen henge over en del av kanten med ½ tomme.
e) Pensle toppen av filoen på en paistallerken med smør. Plasser det andre phyllo rektangelet på en pai plate, dekker bunnen og la deigen overhenge en annen del av kanten med ½-tommers; pensle med smør.
f) Gjenta prosessen med de resterende 4 filoarkene, og pass på at hele overflaten av kanten er dekket for å danne skorpen.
g) Brett overhenget under for å danne en skorpekant i flukt med kanten av paiplaten.
h) Pensle skorpekantene med smør.
i) Forvarm ovnen til 350F. Pisk eggeplommer og sennep i en bolle for å blande.

j) Pisk inn egg, halvparten, fløte, laks, løk og hakket dill.
k) Smak til med salt og pepper. Hell i forberedt skorpe.
l) Stek til midten er stivnet, ca 50 minutter.
m)   Overfør til stativ. Kul. Pynt med dillkvister og server litt varm eller i romtemperatur.

38. Norske lakseterter

Gir: 12 porsjoner

INGREDIENSER:
- 10 spiseskjeer Smør
- 2 kopper Mel
- Vann; kald
- 1 ss Smør
- 1 stor Løk; hakket
- 1 kopp sopp; oppskåret
- ½ kopp Rømme
- 1 pund Laksefilet
- 2 egg; lett slått
- 2 teskjeer dill; fersk, hakket
- Salt
- Pepper
- 1 Eggehvite; litt slått
- 1 kopp Rømme
- 2 teskjeer Gressløk; hakket
- 1 ts dill; fersk, hakket
- 1 dl hvitløkspulver

BRUKSANVISNING:
a) Kutt smør i melet med en konditormikser og tilsett vann, litt om gangen, til en stiv deig er dannet.
b) Rull og skjær ut topp- og bunnskorpen til 12 terter.
c) I en panne, smelt smør, tilsett løk og brun.
d) Tilsett sopp og rømme; småkoke i fem minutter og avkjøles.
e) I mellomtiden, posjer eller damp fisken til den lett flaker seg. Tøm fisken og flak i en bolle.
f) Bland hele egg og dill med fisk.
g) Smak til med salt og pepper etter smak.
h) Bland fisken og soppblandingene og hell dem i bunnen. Topp med den andre skorpen og klyp kantene sammen for å forsegle.
i) Pensle eggehvite over de øverste skorpene og kantene.

j) Prikk skorper for dampventiler. Stek i 10 minutter ved 450 grader F., eller til skorpen er gyllenbrun.

k) Bland rømme og krydder. Tilsett en skje i hver terte før servering.

39. Små røkt lakseterter

Gir: 6 porsjoner

INGREDIENSER:
- 1¾ kopper All-purpose mel
- ¼ teskje Salt John Culbertson Winery.
- 8 spiseskjeer Smør
- ¼ kopp Kaldt vann

BRUKSANVISNING:
a) Ha mel, salt og smør i bollen til en kjøkkenmaskin.
b) Bearbeid til deigen minner om et måltid.
c) Tilsett vann og bearbeid til deigen danner en ball på bladet.
d) Kjevle deigen ut ¼-tommers tykk og skjær den i 2-tommers runder. Kle miniatyrterteformene med deigrundene.
e) Fylling: 4 gram røkt laks 5 gram Gruyere ost, revet fint 4 hvert egg, pisket 1½ kopper melk ½ kopp kremfløte ¼ ts salt ¼ ts pepper
f) Tørk røkelaksskivene med et papirhåndkle for å fjerne overflødig fuktighet og skjær deretter skivene i 1-tommers skiver.
g) Fordel laksen i skiver mellom terteskjellene og dryss osten over hver.
h) Bland egg, melk og fløte med salt og pepper og hell i hvert terteskall.
i) Stek tertene i en forvarmet ovn på 400 grader F i ca 15 minutter.
j) Fortsett å sjekke under steking siden tertene er små og tar mye kortere tid enn en større terte.

40. Festlige reketerter

Gir: 48 porsjoner

INGREDIENSER:
- 2 bakverk for pai med dobbel skorpe eller terteskjell.
- 1 kopp Melk
- 1 pakke kremost i terninger
- 4 egg, litt pisket
- 1 boks Babyreker, drenert eller fersk.
- 2 spiseskjeer Tørket gressløk
- ¼ kopp Finhakket rød pepper
- Salt og pepper etter smak
- Frisk dillgras til pynt

BRUKSANVISNING:
a) Forbered 48 små terteskjell fra bakverket. Varm melk over lav varme; tilsett kremostterninger mens du rører til det er jevnt smeltet.
b) Tilsett osteblanding gradvis til egg; rør inn de resterende ingrediensene bortsett fra dill. Skje 1 ss fyll i hvert terteskall.
c) Stek ved 350 F i 20-25 minutter eller bare til stivnet. Pynt med reserverte reker og dillgras. Gjør: 48 små eller 24 mellomstore terter.
d) Pynt før servering.

41. Reker , løk og tomatterte

Gjør: 1 porsjon

INGREDIENSER:
- 18 store Reke
- 10 knuste hvitløksfedd
- 1 klype Safran
- 1 kopp Oliven olje
- 6 Løk
- 8-unse boks med skrellede tomater
- 2 Ansjos
- ¼ kopp Kalamata oliven
- 4 Timiankvist
- 1 Ark butterdeig
- 2 Head's Frisée
- 6 hauger Mache

BRUKSANVISNING:
a) En dag før du tilbereder denne retten, mariner du reker i en blanding av 4 fedd knust hvitløk, sort pepper, ½ kopp olivenolje og 1 klype safran. Avkjøl over natten.
b) For å tilberede marmeladen, skrell løk og del den i to og skjær i tynne skiver.
c) I en kjele over svak varme med 2 ss olje, kok løken til den er gjennomsiktig.
d) Tøm tomatene, fjern frøene, hakk dem grovt og tilsett løkene.
e) Tilsett hakket ansjos, hakkede oliven og timian, og kok i 3 timer på svært lav varme, rør ofte.
f) I mellomtiden skjærer du ut 6 runder butterdeig ca 3½ tommer i diameter.
g) Legg på en bakeplate dekk med en andre plate, og stek i ovnen i 6 minutter ved 350 grader.
h) Tilbered friséen ved å kutte av det grønne av salaten, kun bruk den hvite delen. Hakk frisée og vask godt.
i) I en stor sautépanne over middels høy varme, varm ¼ kopp oliven til de er varme, og kok reker til de er rosa og krøllete.

j) Legg tomatmarmeladen på toppen av hver terterunde og varm i ovnen i 5 minutter. Smak til friséen med litt olivenolje, salt og pepper.
k) Ta terten ut av ovnen og legg den på en tallerken, kle litt frisée på toppen av terten og dekk den med reker.
l) Pynt med Mache-salatbladene.
m)   Drypp olivenolje rundt terten og server.

42. Rekecocktailterter

Gir: 20 forretter

INGREDIENSER:
- 1 15 unse pk. kjølte paibunner
- Finhakket bladsalat
- 1 12 unse pk. frosne små kokte reker, tint, skylt, drenert
- Cocktailsaus

BRUKSANVISNING:
a) Forvarm ovnen til 450F. La begge paibunnen stå i romtemperatur i 15 til 20 minutter.
b) Brett ut hver skorpe; fjern den øverste plastplaten.
c) Trykk ut brettelinjer. Snu og fjern det gjenværende plastfolien. Skjær omtrent ti 3-tommers sirkler fra hver skorpe.
d) Plasser sirkler over baksiden av miniatyrmuffinskopper.
e) Klyp 4 eller 5 brett med like avstand rundt sidene av koppen.
f) Prikk sjenerøst med en gaffel. Stek ved 450F i 9 til 13 minutter eller til lys gyldenbrun. Avkjøl helt; fjern fra muffinskopper.
g) Legg en liten mengde hakket salat i hvert terteskall. Hell rekestykker over salatlaget.
h) Topp med en liten mengde cocktailsaus.

NØTTETERTER

43. Mandel terte

Gir: 8 porsjoner

INGREDIENSER:
- Kake
- ½ kopp tung krem
- ⅓ kopp sukker
- 1 ts revet appelsinskall
- ¼ teskje mandelekstrakt
- 1 kopp skivede mandler
- Pisket krem til pynt
- Bringebær bevares

BRUKSANVISNING:
a) Minst 2 mel før du tilbereder terten, lag konditor.
b) Når bakverket er avkjølt, forvarm ovnen til 375'F. Mellom floured ark med vokset papir, kjevle ut deigen til en 11-tommers runde. Passer inn i en 9-tommers riflet terteform med avtagbar bunn.
c) Trim deigen selv med kanten av formen.
d) Stikk hull i bunnen og sidene av deigen.
e) Plasser terteformen på den kantede bakeplaten. Kle deigskallet med aluminiumsfolie og fyll det med paivekter. Stek i 8 minutter; ta pannen ut av ovnen og løft ut folien og vektene. Sett deigen tilbake i ovnen og stek 4 minutter lenger. Sett til side på rist til avkjøling.
f) I mellomtiden, i en bolle, med en elektrisk mikser på middels hastighet, rør sammen fløte, sukker, skall og ekstraher til sukkeret har løst seg opp. Bland inn mandler.
g) Hell mandelblandingen jevnt inn i deigskallet. Sett tilbake i ovnen og stek i 20 til 25 minutter, eller til fyllet er gyllent. Avkjøl til romtemperatur på rist.
h) Når terten er kjølig, øs eventuelt pisket krem rundt ytterkanten; rør konserver og ringle over fløte. Skjær i 12 skiver og server.
i) Bakverk: Kombiner 1 C usiktet universalmel i en bolle, ½ t salt og ½ t sukker. Med en konditormikser eller 2 kniver, kutt i 6 t

usaltet smør og 2 t grønnsaksfett til blandingen minner om grove smuler.

j) Tilsett gradvis 2½ til 3 t isvann til melblandingen, bland lett med en gaffel til deigen er fuktig nok til å danne en ball. Rull med hendene til en ball og flat til 1-tommers tykkelse. Pakk inn og avkjøl i minst 2 timer før bruk.

44. Meksikansk sjokoladeterte med krydrede pekannøtter

INGREDIENSER:
PEKANNER
- Ikke-klebende vegetabilsk oljespray
- 1 stor eggehvite
- 2 ss sukker
- 1 ss gyldent brunt sukker
- 1 ts malt kanel
- ¼ teskje salt
- ⅛ teskje kajennepepper
- 1 ½ kopper halvparter av pekannøtter

SKORPE
- 1 kopp sjokoladekjeksmuler, finmalt i prosessor
- ¼ kopp sukker
- ½ ts malt kanel
- ⅛ teskje salt
- 5 ss usaltet smør, smeltet

FYLLING
- 1 kopp kraftig kremfløte
- 4 gram bittersøt eller halvsøt sjokolade, hakket
- En 3,1-unse skive med meksikansk sjokolade
- ¼ kopp usaltet smør, kuttet i 4 stykker
- 2 ts vaniljeekstrakt
- 1 ts malt kanel
- ¼ teskje salt
- Lett søtet kremfløte

BRUKSANVISNING:
FOR PEKANNE:

a) Forvarm ovnen til 350°F. Spray bakepapirkantet med nonstick-spray.

b) Visp alle ingrediensene unntatt pekannøtter i en bolle. Rør inn pekannøtter.

c) Fordel i et enkelt lag på et ark, med avrundet side opp.

d) Stek til akkurat brunet og tørt, ca 30 minutter. Avkjøl på laken.

e) Skill nøtter, fjern overflødig belegg.

FOR SKORPEN:

f) Forvarm ovnen til 350°F. Bland de første 4 ingrediensene i prosessoren.

g) Tilsett smeltet smør; bearbeid til smulene er fuktet.

h) Trykk smuler inn i en terteform med en diameter på 9 tommer med avtagbar bunn, til innenfor ⅛ tomme fra toppen.

i) Stek til stivnet, ca 20 minutter. Avkjøl på rist.

FOR FYLLET:

j) La kremen koke opp i en middels kjele. Fjern fra varme.

k) Legg til sjokolade; visp til smeltet. Tilsett smør, 1 stykke i timen; visp til det er glatt.

l) Visp inn vanilje, kanel og salt. Hell fyllet i skorpen. Avkjøl til fyllet begynner å stivne, ca 15 til 20 minutter.

m) Ordne nøtter i konsentriske sirkler på toppen av terten. Avkjøl til stivnet, ca 4 timer.

45. Frangipane terte med sesongens frukt

INGREDIENSER:
- 1 porsjon pâte brisée
- 6 ss usaltet smør, myknet
- ½ kopp sukker
- 1 stort egg
- ¾ kopp blancherte mandler, finmalt
- 1 ts mandelekstrakt
- 1 ss Amaretto
- 1 ss universalmel
- 2 kopper jordbær, uthulet
- 2 kopper bringebær, plukket over og skylt
- ¼ kopp jordbær- eller bringebærsyltetøy, smeltet og silt

PÂTE BRISÉE
- 1¼ kopper universalmel
- 6 ss kaldt usaltet smør, kuttet i biter 2 ss kald grønnsaksfett
- ¼ teskje salt

BRUKSANVISNING:
PÂTE BRISÉE
a) Bland mel, smør, grønnsaksfett og salt i en bolle til blandingen ligner et måltid.

b) Tilsett 2 ss isvann, bland blandingen til vannet er innlemmet, tilsett mer isvann om nødvendig for å danne en deig, og form deigen til en ball.

c) Dryss deigen med mel og avkjøl den, pakket inn i vokspapir, i 1 time.

TART
d) Kjevle ut deigen ⅛- en tomme tykk på en lett melet overflate, sett den inn i en 11 x 8-tommers rektangulær eller 10- eller 11-tommers rund terteform med en avtagbar riflet kant, og avkjøl skallet mens du lager frangipanen.

e) I en bolle krem sammen smøret og sukkeret og pisk inn egget, mandlene, mandelekstraktet, amarettoen og melet.

f) Fordel frangipanen jevnt på bunnen av skallet og stek terten midt på en forvarmet 375°F. over i 20 til 25 minutter, eller til skallet er blekt gyldent.

g) La terten avkjøles. Skjær jordbærene på langs i ⅛-tommers tykke skiver, arranger skivene, overlappende, dekorativt med bringebærene i rader på frangipanen, og pensle dem forsiktig med syltetøyet.

46. Bakewell terte

INGREDIENSER:

- 1 flott ukrympbart søtt terteskal, delvis bakt i en 9-tommers avtagbar terteform
- 1 kopp grovhakkede mandler, blanchert hvis du finner dem
- 1 ½ ss universalmel
- ⅔ kopp sukker
- 9 ss usaltet smør, ved romtemperatur
- 1 stort egg
- 1 stor eggehvite
- ½ ts mandelekstrakt
- 1 ½ ts appelsinskall
- ⅓ kopp bringebærsyltetøy
- Skivede eller skivede mandler, til pynt

BRUKSANVISNING:

a) Finmal mandler og mel i en prosessor. Bland inn sukker, deretter smør, ekstrakt og appelsinskall. Bland til jevn. Bland inn egg og eggehvite. Ha fyllet over i en bolle. Dekk til og avkjøl i minst 3 timer.

b) Plasser risten i midten av ovnen og forvarm til 350°F. Fordel syltetøy over bunnen av terteskallet. Dopp mandelfyllet over det hele, fordel det deretter forsiktig med en forskjøvet slikkepott. Hvis du bruker skivede eller skivede mandler som garnityr, dryss dem over toppen nå. Stek terten til den er gylden og en tester satt inn i midten av fyllet kommer ut ren, ca. 45 minutter. Avkjøl terten i panne på rist.

c) For å servere, skyv bunnen av pannen opp, og slipp terten fra pannen. Skjær terten i skiver og dryss over melis, om ønskelig.

d) Gjør i forkant: Mandelfyll kan lages 2 dager i forveien. Hold kjølt. Hel terte kan også lages en halv dag i forveien. Lett å stå i romtemperatur

47. Eplenøttgitterterte

Gjør: 1 porsjon

INGREDIENSER:
- 15-unse pakke med nedkjølte paiskorper
- 3 kopper Skrellede epler i tynne skiver
- ½ kopp Sukker
- 3 spiseskjeer Gylne rosiner
- 3 spiseskjeer Hakkede valnøtter eller pekannøtter
- ½ ts Kanel
- ¼ teskje Revet sitronskall
- 2 teskjeer Sitronsaft
- 1 Eggeplomme; rytmen
- 1 ts Vann
- ¼ kopp Melis
- 1 ts Sitronsaft

BRUKSANVISNING:
a) Forbered paibunnen i henhold til pakkens anvisninger for to-crust-pai ved å bruke en 10-tommers terteform med avtagbar bunn eller en 9-tommers paiform.
b) Plasser 1 tilberedt skorpe i pannen; trykk inn bunnen og oppsiden av pannen. Trim kantene om nødvendig.
c) Varm ovnen til 400 F. Plasser kakeplaten i ovnen for å forvarme. I en bolle, kombiner epler, sukker, rosiner, valnøtter, kanel, sitronskall og 2 ts sitronsaft; sleng lett for å belegge. Hell i den skorpekledde pannen.
d) For å lage en gitteretopp, kutt den andre skorpen i ½-tommers brede strimler. Ordne strimler i gitterdesign over fyllingen. Trim og forsegl kantene. Kombiner eggeplomme og vann i en bolle; børste forsiktig over gitteret.
e) Legg terten på forvarmet kakepapir. Stek ved 400 F. i 40 til 60 minutter eller til eplene er møre og skorpen er gyldenbrun. Dekk kanten av skorpen med strimler av folie etter 15 til 20 minutter med baking for å forhindre overdreven bruning. Avkjøl 1 time.

f) glasuringrediensene i en bolle , tilsett nok sitronsaft for ønsket dryppkonsistens. Ringle over en litt varm terte. Kul; fjern sidene av pannen.

48. Aprikos macadamianøtt terte

Gir: 12 porsjoner

INGREDIENSER:
- 1½ kopper Mel
- ⅔ kopp Smør; myknet
- ¼ kopp Brunt sukker; pakket
- 2 spiseskjeer Kakao
- 1 Egg
- 8 gram Tørkede aprikoser
- 3½ unser macadamianøtter; grovhakket
- ⅓ kopp Sukker
- ¼ kopp Smør; smeltet
- ½ kopp Lys maissirup
- ¼ teskje Salt
- 2 Egg

SJOKOLADEDYPTE APRIKOSER
- ¼ kopp Halvsøte sjokoladebiter
- 1 ts Forkorting
- 12 Tørkede aprikoser

BRUKSANVISNING:

a) Varm over to 400¼. Bland alle ingrediensene til deigen til deigen danner seg.

b) Trykk fast og jevnt mot bunnen og siden av en usmurt 11-tommers terteform med avtagbar bunn. Stek i 10-12 minutter eller til stivnet.

c) Etter å ha bakt deigen, forvarm ovnen til 375 ¼. Reserver 12 aprikoser for sjokoladedyppede aprikoser; grovhakk de resterende aprikosene.

d) Dryss nøtter og hakkede aprikoser jevnt over det bakte deigen.

e) Pisk sukker, smør, maissirup, salt og egg til en jevn masse. Hell over nøtter og aprikoser.

f) Stek i 25 til 30 minutter eller til den er stivnet.

g) Kle platen med vokset papir. Legg chips og matfett i en liten mikrobølgeovnsikker bolle. Mikrobølgeovn avdekket på medium i 2 til 3 minutter eller til blandingen kan røres jevnt.

h) Dypp halvparten av hver aprikos i sjokoladeblandingen; legg på en tallerken.

i) La stå til sjokoladen er tørr. Legg på terten.

49. Blackberry krem nøtte terte

Gjør: 1 porsjon

INGREDIENSER:
- ⅓ kopp All-purpose mel
- ½ ts Salt
- 1 8-unse pakke med kremost, myknet
- ¼ kopp Søt, kondensert melk
- 2 spiseskjeer Sikt melis
- 1 16-unse pakke med frosne bjørnebær, tint og drenert
- ½ kopp Granulert sukker
- 3 spiseskjeer Maisstivelse
- ½ kopp Finmalte valnøtter
- 1½ kopper Sikt melis
- 2 spiseskjeer Matfett med smørsmak
- ½ ts Vanilje
- ½ kopp Matfett med smørsmak
- 3 spiseskjeer Isvann
- 1 ss Fersk sitronsaft
- ¼ kopp Hvite sjokoladebiter
- ¼ kopp Valnøtter
- 2 spiseskjeer Boysenbærsirup
- 1 ts Smør eller margarin
- ½ ts Fersk sitronsaft
- ⅛ teskje Salt
- ½ ts Smørsmak
- 4 ss kremfløte

BRUKSANVISNING:
a) For å lage skorpen: Forvarm ovnen til 425 grader. Bland mel og salt i en bolle. Kutt i matfett med en konditormikser eller 2 kniver til alt melet er blandet i to ertestore biter.

b) Dryss over vann, 1 ss i timen. Kast lett med en gaffel til deigen danner en ball. Trykk mellom hendene for å danne en 5- til 6-tommers "pannekake".

c) Mel kjevlen og kjevlen lett. Rull deigen til en sirkel. Trim 1 tomme større enn en opp-ned 9-tommers tertepanne med avtagbare størrelser. Løsne deigen forsiktig. Brett i kvarte. Mel terte panne lett.

d) Brett ut deigen og trykk den ned i terteformen. Trim kanten selv med toppen av kanten. Prikk bunnen og sidene grundig med en gaffel 50 ganger for å unngå krymping.

e) Dekk kanten med et dobbelt lag folie for å unngå overbruning.

f) Stek i 10 til 15 minutter eller til de er lett brune. Avkjøl til romtemperatur.

g) For å lage kremostfyll: Kombiner kremost, kondensert melk, melis og sitronsaft i en bolle. Pisk på lav hastighet på en elektrisk mikser til den er kremaktig. Ha hvite sjokoladebiter og nøtter i en kjøkkenmaskinsbolle. Bearbeid til det er finhakket. Bland inn i osteblandingen. Fordel i bunnen av det avkjølte bakte terteskallet.

h) For å lage fruktfyll: Kombiner bjørnebær, sukker, maisstivelse og boysenbærsirup i en middels kjele. Kok og rør på middels varme til blandingen er tyknet og klar. Fjern fra varme. Rør inn smør, sitronsaft og salt. Overfør til en bolle. Avkjøl til romtemperatur. Hell over ostefyllet.

i) For å lage topping: Dryss nøtter over fruktfyllet på en gittermåte.

j) To pynt: Kombiner melis, matfett, vanilje, smørsmak og 3 ss fløte i en bolle. Pisk til den er jevn, tilsett mer fløte, om nødvendig, for ønsket konsistens. Øs inn i dekorasjonsposen utstyrt med ønsket spiss. Lag en dekorativ kant rundt kanten av terten.

k) Avkjøl i 1 til 2 timer. Fjern rim. Skjær i porsjoner. Avkjøl rester.

50. **Gulrot-nøtt terte**

Gir: 8 porsjoner

INGREDIENSER:
- 1 kake skall; delvis bakt
- 3 Egg
- ⅓ kopp Sukker
- 1 ts Sitronsaft og sitronskall
- 2 kopper Finstrimlet gulrot
- 4 spiseskjeer Smør smeltet
- ½ ts Bakepulver
- ⅔ kopp Mel
- ½ kopp Mandler
- ¼ kopp Aprikosglasur

BRUKSANVISNING:
a) Bland egg, sukker, sitronsaft og skall; tilsett gulrøtter og smør, og rør godt.
b) Bland nøtter, mel og bakepulver i separate boller. Bland to blandinger; hell i en delvis bakt pai eller terteskal. Stek på 400 grader i ca 20 minutter.
c) For glasuren, meltdown aprikoskonserver, tilsett 2 ss konjakk og legg toppen av terten når terten kommer ut av ovnen.

51. Karamellnøttterte

Gjør: 1 porsjon

INGREDIENSER:
- 1 kopp Sukker
- ⅔ kopp Kremfløte
- ¼ kopp usaltet smør; kuttes i små biter
- 3 spiseskjeer Honning
- ½ ts Salt
- 2½ kopper Valnøtthalvdeler
- 1 servering av Pâte Sucrée-deig
- 2 unser Bittersøt sjokolade; hakket
- 2½ kopper All-purpose mel
- 3 spiseskjeer Sukker
- 2 Stikker kaldt usaltet smør; skjære opp
- 2 store Eggeplommer
- 4 spiseskjeer Isvann

BRUKSANVISNING:
a) Kok opp ¼ kopp vann og sukker i en tykk kasserolle, rør til sukkeret er oppløst. Kok sirup i en dekket panne, uten å røre; du kan enten virvle pannen eller vaske ned sidene av kjelen med en konditorkost dyppet i vann for å fjerne eventuelle sukkerkrystaller som har festet seg til den begynner å bli gylden.
b) Tilsett forsiktig fløte og sett pannen tilbake på varmen. Tilsett smør, honning og salt, rør til smøret har smeltet og blandingen er jevn. Rør inn valnøtter og la det småkoke uten lokk på middels varme, rør av og til i ca 5 minutter. Fjern fra varmen og la avkjøles.
c) I mellomtiden ruller du halvparten av pate Sucrée mellom 2 ark med plastfolie til en 11-tommers sirkel. Plasser bakverk i en 9-tommers riflet terteform med avtagbar bunn. For å trimme deigen jevnt, rull kjevlen over terteformen. Avkjøl i 20 til 30 minutter.
d) Varm ovnen til 400. Fyll terteskallet med en avkjølt valnøttblanding, fordel jevnt med en gummispatel. Kjevle ut den gjenværende deigen mellom 2 ark med plastfolie til en 11-tommers sirkel. Overfør til terteskallet. Press den øverste skorpen

mot den nederste skorpen for å forsegle. Rull kjevlen over terteformen for å trimme kanten. Frys i 20 minutter.

e) Stek på en bakepapirkledd stekeplate til skorpen er gyllen, ca 25 til 30 minutter. Avkjøl på rist.

f) I en dobbel kjele over knapt kokende vann, smelt sjokoladen, rør til den er jevn. Avkjøl sjokoladen og overfør til en konditorpose utstyrt med en veldig liten vanlig spiss .

g) Sprøyt sjokoladen i et sirkulært mønster over hele overflaten av terten. Lys sjokolade satt ved romtemperatur, i ca 1 til 2 timer.

PATE SUCRÉE

h) Ha mel og sukker i kjøkkenmaskinen; puls å kombinere.

i) Tilsett smør; puls til blandingen ligner grovt måltid, 10 til 20 sekunder.

j) Pisk eggeplommer lett; tilsett isvann. Legg til foodprosessoren mens maskinen går; bearbeid til deigen holder sammen.

k) Del deigen i to partier; vend ut i to separate stykker plastfolie.

l) Flat hver til en sirkel, og pakk inn i plastfolie; avkjøl i minst 1 time.

52. Nøttefruktterter

Gir: 6 porsjoner

INGREDIENSER:
- 1½ kopper Pisker krem
- 1½ kopper Puffede rosiner
- 1 kopp Hakkede nøtter
- ½ kopp Sukker
- 2 Bananer, i skiver
- 6 Maraschino kirsebær, hakket
- Noen få saltkorn

BRUKSANVISNING:
a) Pisk fløte til den blir stiv. Vend inn sukker og salt. Del i 2 porsjoner.

b) Kombiner bananer og rosiner med ½ fløte. Ha lett i bakte individuelle deigskall. Dekk med gjenværende krem. Pynt med kirsebær og nøtter. 20 porsjoner.

53. Oransje paranøtter terte

Gir: 4 porsjoner

INGREDIENSER:
- 3 Egg, separert
- ¾ kopp Granulert sukker
- Revet skall av 1 appelsin
- 1 ts Vaniljeekstrakt
- 2 kopper Finmalte paranøtter
- 1½ spiseskjeer All-purpose mel
- ¼ teskje Salt
- Garnityr:
- 2 Grapefrukter
- 2 Appelsiner
- 4 store Eggehviter
- 1¼ kopper Granulert sukker

BRUKSANVISNING:
a) Forvarm ovnen til 350 grader. Kle en 10-tommers rund kakeform med bakepapir, smør og mel.
b) I en bolle, pisk sammen eggeplommene og sukkeret til det ble lysegult. Tilsett appelsinskall og vanilje, pisk til det er lett og luftig, og sett til side.
c) Kombiner 1 kopp paranøtter med melet i en bolle og sett til side. Reserver de resterende nøttene til garnityret.
d) I en annen bolle, pisk eggehvitene til skum. Dryss på saltet og fortsett å piske til det dannes myke topper. Vend vekselvis inn nøtte- og melblandingen og den piskede eggeplommeblandingen til den er kombinert. Hell i den forberedte pannen.
e) Stek i 25 til 30 minutter, eller til de er lett brune. Sett på rist til avkjøling, i ca 10 minutter. Kjør en kniv langs kanten for å løsne og vend den over på et fat. Fjern pergamentet og la avkjøles helt.
f) Forvarm i mellomtiden ovnen til 300 grader. Legg kaken på en stekeplate dekket med bakepapir.
g) Arbeid over en bolle for å fange saften, skrell grapefruktene og appelsinene og kutt mellom membranene for å fjerne delene.

Fjern frøene. Ordne delene over kaken. Hell saften gjennom en sil og ringle over kaken.

h) I en bolle, visp eggehvitene til skum. Tilsett sukkeret gradvis, visp til det dannes stive topper, ca. 10 minutter. Vend forsiktig inn den reserverte 1 koppen malte paranøtter.

i) Fordel marengsen jevnt over kaken og stek i ½ time. Avkjøl på rist og server.

54. Pinjekjerneterte

Gir: 4 porsjoner

INGREDIENSER:
- 1 Butterdeigsark
- 2 kopper Pinjekjerner
- 2 spiseskjeer Honning
- 1 kopp Sukker
- 3 Egg
- 3 spiseskjeer Ekstra virgin olivenolje
- Skal av 1 sitron
- 2 spiseskjeer valnøttlikør

BRUKSANVISNING:
a) Forvarm ovnen til 425 grader. Plasser deigen tett inn i skallet, krymp kantene med ekstra deig for å vedlikeholde kantene. Dekk deigen med pergament, fyll den med tørkede hvite bønner og sett i ovnen.

b) Kok i 8 til 10 minutter, fjern pergament og bønner, og kok til det er tørt og lys gyldenbrun, ca. 8 til 10 minutter til. Fjern og la avkjøle.

c) I en bolle, rør sammen pinjekjerner, honning, sukker, egg, olivenolje, sitronskall og brennevin til en jevn masse. Hell i et avkjølt deigskall og stek i 20 minutter, eller til det er ganske fast og lett brunet på toppen.

d) La avkjøles til romtemperatur og server.

FRUKTTERTER

55. Mandel-aprikos terter

Gir: 18 porsjoner

INGREDIENSER:
- ½ kopp smør
- 3 unser kremost
- ⅓ kopp smør
- ½ kopp sukker
- 1 hvert egg
- ½ ts Vaniljepakke myknet
- 1 kopp universalmel
- ⅔ kopp Grovmalte ristede blancherte mandler
- ⅓ kopp aprikoskonserver
- skive mandler

BRUKSANVISNING:
a) DEIG: Pisk ½ kopp smør og kremost med en elektrisk mikser i 30 sekunder. Rør inn melet. Dekk til og avkjøl i 1 time.
b) FYLLING: Pisk 1/2 kopp smør med en elektrisk mikser i 30 sekunder. Pisk inn sukker, deretter egg og vanilje.
c) Rør inn de malte mandlene. Trykk 1 spiseskje av deigen jevnt inn i bunnen og opp på sidene av hver av atten 2- til 2 ½-tommers terteformer.
d) Hell 1 ts av mandelfyllet på hver terte.
e) Stek på en bakeplate i 20 til 25 minutter i en 350F ovn. Avkjøl tertene i pannen i ca 10 minutter. I mellomtiden, varm opp og rør aprikoskonserveringen over lav varme til den er smeltet.
f) Fjern tertene fra formene og legg dem på rist. Mens tertene fortsatt er varme, pensle fyllet med smeltet syltetøy.
g) Pynt med skivede mandler, om ønskelig. Kul. Gir: 18 terter.

56. **Alsace plommeterte**

Gjør: 6 til 8

INGREDIENSER:
- Smør
- 7 store røde plommer, uthulet, hver kuttet i 8 kiler
- 4 ss sukker
- 1 Pate Sucrée Deig
- ½ ts malt kanel
- 1 eggehvite, pisket for å blande
- Vanilje iskrem

BRUKSANVISNING:
a) Forvarm ovnen til 400F. Dekk bakeplaten med folie; smørfolie.
b) Plasser plommer på det forberedte arket, med jevn avstand. Dryss over 2 ss sukker. Stek til plommene er møre, men fortsatt holder formen, ca 30 minutter. Avkjøl plommer på laken.
c) Kjevle ut deigen på en melet overflate til en rund 12-tommers diameter.
d) Overfør deigen til midten av en annen tung, stor stekeplate. Overlapp plommer i konsentriske sirkler på bakverket, og danner en 9-tommers diameter sirkel i midten.
e) Kombiner de resterende 2 ss sukker og kanel i en bolle. Dryss sukkerblanding over plommer. Brett kanten av deigen over plommene, klem for å forsegle eventuelle sprekker i deigen. Pensle skorpen to ganger med eggehvite.
f) Stek terten til skorpen er gyllen, ca 25 minutter. Kjør en tynn skarp kniv forsiktig under tertekantene for å løsne arket. Avkjøl i 15 til 30 minutter. Server terte og litt lun med iskrem.

57. eple kake

Gir: 4 porsjoner

INGREDIENSER:
SØT KONTIGDEIG:
- 1 kopp mel
- 3 ss sukker
- ¼ teskje bakepulver
- klype salt
- 4 ss usaltet smør
- 1 stort egg

EPLEFYLL:
- 3 gylne deilige epler
- 2 ss sukker
- ¼ teskje kanel

KIRSCH CUSTARD:
- ⅔ kopp tung krem
- 3 ss sukker
- 1 ss Kirsch
- 3 eggeplommer

BRUKSANVISNING:
a) Til deigen, kombiner tørre ingredienser i en foodprosessor og puls for å blande. Tilsett smør og puls. Tilsett egg og fortsett å pulse til deigen danner en ball. Rull deigen til en 14-tommers skive og kle en 10-tommers terteform. Avkjøl deigen i flere timer, eller over natten.

b) Skrell, kjerne kjernen, halver og skjær eplene ⅛-tommers tykke i skiver; ordne på bakverk, overlappende. Dryss over kanelsukker. For vaniljesausen, kombinere alle ingrediensene; visp for hånd til jevn og godt blandet; sil og reserver.

c) Stek på 350 grader i ca 35 minutter eller til epler og skorpe er gjennomstekt. Fjern terten ovenfra; hell på vaniljesaus, pass på at det ikke renner over. Sett terten tilbake i ovnen i 5 til 10 minutter eller til vaniljesausen er stivnet, men ikke farget eller oppblåst.

58. Eple og rosin tarte tatin

Gir: 6 porsjoner

INGREDIENSER:
- 2 ss smør
- 3 ss rom
- 1 kopp Blandede rosiner og rips
- 2 pund med epler
- 17 unse pakke med frossen butterdeig
- ¼ kopp Pluss 2 ss hvitt sukker
- Over: 400F

BRUKSANVISNING:
a) Skrell, kjerne løs og kutt epler i åttedeler. Fyll en bolle, stor nok til å sette en 9" støpejernsstekepanne i, med isbiter, og fyll deretter på med vann. Smelt smør i en 9" støpejernsstekepanne over middels varme. Tilsett sukker.

b) Rør til det er brunt og BARE karamellisert. Plasser stekepannen i isvann for å stivne og deretter på en rist. Se ovenfor. Legg rosiner og rips i en bolle. Tilsett rom og dekk med varmt vann. Tøm etter 5 minutter eller så.

c) Dryss en tredjedel av rosinene og ripsene over karamellen. Legg epleskiver, med avrundet side ned og pakket så tett sammen som mulig, i et sirkulært mønster. Dryss over resterende rosiner og rips.

d) Skjær deigen 2 tommer større enn en panne. Legg deigen på toppen og stikk ned på sidene og under kanten av den ytre epleraden. Stek i 30 minutter og vend deretter ut på en dekorativ tallerken mens den fortsatt er varm.

e) Server mens den fortsatt er varm med nypisket krem.

59. Eple kanelterte

Gir: 10 porsjoner

INGREDIENSER:
- 1½ kopper havregryn
- 1 ss kanel
- ½ ts kanel
- ¾ kopp eplejuice
- 2 store epler, skrelt/skiver
- 1 ts sitronsaft
- ⅓ kopp kaldt vann
- 1 pakke Unflavored gelatin
- 2 kopper fettfri yoghurt
- ¼ kopp honning
- ½ ts mandelekstrakt

BRUKSANVISNING:
a) Forvarm ovnen til 350. Forbered en paiplate med kokespray. Kombiner havre og 1 ss kanel i en bolle.
b) Bland med ¼ kopp eplejuice. Trykk på bunnen av paiplaten. Stek i 5 minutter eller til stivnet. Kul. I en bolle, sleng epleskiver med sitronsaft; legg på avkjølt skorpe i panne og sett til side.
c) Kombiner vann og den resterende ½ koppen eplejuice i en panne. Dryss gelatin over vannblandingen; lett stå i 3 minutter for å myke.
d) Kok og rør over middels varme til gelatinen er helt oppløst; fjern fra varme. Tilsett yoghurt, honning, resterende ½ teskje kanel og mandelekstrakt; bland godt.
e) Hell over epler i skorpen. Avkjøl i flere timer eller over natten.

60. Eple tranebær opp-ned terte

Gjør: 1

INGREDIENSER:
- ⅔ kopp sukker
- 3 ss vann
- 6 Syrte epler, skrelt, kjernehus og i tynne skiver
- 1 kopp tranebær
- 3 ss sukker
- 1 ss smør
- 1 ubakt paiskall

BRUKSANVISNING:
a) La småkoke ⅔ kopp sukker og 3 ss vann i en liten dekket kjele i 5 minutter. Avdekke og kok til en gyllen tykk karamell.

b) Fjern umiddelbart fra varmen slik at karamellen ikke brenner seg. Hell i en 10-tommers glass- eller metallpaiplate. Snurr for å belegge bunnen.

c) Overlapp en tredjedel av epleskivene på karamellen.

d) Topp med en tredjedel av tyttebærene og strø over 1 ss sukker. Gjenta to ganger med gjenværende frukt og sukker, prikk med smør.

e) Legg deigen løst over frukten. Stek på 400 i 30 minutter. Ta ut på en rist og avkjøl i 5 minutter. Vipp paiplaten over bollen og hell av oppsamlet saft. Vend serveringsplaten over paien. Snu begge sammen.

f) Løft av paiplaten. Server terten varm med vaniljeis.

61. Eple bringebær terte

Gir: 8 porsjoner

INGREDIENSER:
- 1 kopp universalmel
- ½ ts salt
- ⅓ kopp Shortening
- 2 ss kaldt vann; opptil 3
- 1 egg; separert
- 23 gram Chunky eplesaus
- 1 kopp friske bringebær ELLER 10 unse pk. frossen; tint, drenert
- 2 ss sukker
- ½ ts kanel
- ¾ kopp universalmel
- ½ kopp fast pakket brunt sukker
- ½ ts kanel
- ⅓ kopp Margarin eller smør; myknet

BRUKSANVISNING:
a) Forvarm ovnen til 400F.
b) Kombiner mel og salt i en bolle. Bruk en konditormikser eller 2 kniver, skjær matfett i melblandingen til partikler er på størrelse med små erter.
c) Tilsett gradvis vann, rør med en gaffel til blandingen er fuktet.
d) Samle bakverk til en ball. Flat ball. Rull ut på en lett melet overflate fra midten til kanten til en sirkel 1½ tommer større enn den omvendte 9-tommers terteformen.
e) Brett deigen i to; legg i panne. Brette; trykk inn bunnen og oppsiden av pannen. Trim kantene om nødvendig.
f) Stek ved 400F i 5 minutter. Fjern ovenfra; reduser ovnstemperaturen til 375F. Pisk eggehvite i en bolle. Pensle over hele overflaten av den delvis bakte skorpen. Behold eggeplommen til fylling.
g) I en bolle kombinerer du eplesaus, bringebær, sukker, ½ ts kanel og eggeplomme. Hell i en bakeform.

h) I en bolle, kombinere alle topping ingrediensene; dryss over fruktblandingen. Stek ved 375 F i 40 til 50 minutter eller til toppingen er gyllenbrun.

i) Kul; fjern sidene av pannen. Server med pisket krem.

62. Blåbærkjernemelkterte

Gjør: 1 porsjon

INGREDIENSER:
SKALL
- 1½ kopper universalmel
- ¼ kopp sukker
- ¼ teskje salt
- ¼ pund kaldt smør; kutte biter
- 1 stort egg; slå med
- 2 ss isvann
- Rå ris; for veieskall

KARNEMELK FYLLING
- 1 kopp kjernemelk
- 3 store eggeplommer
- ½ kopp sukker
- 1 ss sitronskall; rist
- 1 ss fersk sitronsaft
- ½ Stang usaltet smør; smelt, avkjøl
- 1 ts Vanilje
- ½ ts salt
- 2 ss All-purpose mel
- 2 kopper blåbær; velge over
- Konditorsukker

BRUKSANVISNING:
SKALL
a) I en bolle, rør sammen mel, sukker og salt. Tilsett smør og bland til blandingen minner om et grovt måltid. Tilsett eggeplommeblandingen, bland til væsken er innlemmet, og form deigen til en skive. Støv deigen med mel og avkjøl, pakket inn i plastfolie, i 1 time. Kjevle ut deig ⅛" tykk på en melet overflate og sett inn i en 10" terteform med en avtagbar riflet kant.
b) Avkjøl skallet i minst 30 minutter eller tildekket over natten.
c) Forvarm ovnen til 350 grader.

d) Kle skallet med folie og fyll det med ris. Stek skallet midt i ovnen i 25 minutter.

e) Fjern folien og risen forsiktig og stek skallet i 5 minutter til, eller til det er gyllent. Avkjøl skallet i panne på rist.

FYLLING

f) Bland ingrediensene til fyllet i en blender eller prosessor til en jevn masse. Fordel blåbær jevnt i bunnen av skallet.

g) Hell kjernemelkfyll over blåbær og stek midt i ovnen i 30 til 35 minutter eller til akkurat stivnet.

h) Fjern kanten av formen og avkjøl terten helt i formen på rist. Sikt konditorsukker over terten og server i romtemperatur eller avkjølt med blåbæris. Kilde: Conde Nasts Gourmet's Weekends.

63. Blandet fruktterte

Gir: 8 porsjoner

INGREDIENSER:
- ¼ kopp Rosiner
- ½ kopp Kokende vann
- 8 skiver hvitt brød
- 1½ kopper 1 % lettmelk, delt
- 1 kopp Skrellet, hakket pære
- 2 spiseskjeer Mel
- ¼ kopp + 2 tb. sukker, delt
- 2 spiseskjeer Maismel
- 1 ts Revet sitronskall
- 3 Egg, lett pisket
- ½ kopp Røde druer uten frø halvert
- 2 teskjeer Finhakket fersk rosmarin
- 2 teskjeer Oliven olje

BRUKSANVISNING:
a) Kombiner rosiner og kokende vann; lett å stå i 15 minutter. Tøm og sett til side.
b) Trim skorpene fra brød. Skjær hver skive i 4 trekanter; legg i et enkelt lag i en 13 x 9 x 3 bakebolle. Hell ½ kopp melk over brødet og la stå i 5 minutter.
c) Arranger brødtrekantene forsiktig i bunnen av en 10" quicheform dekket med matlagingsspray.
d) Topp med eple og pære.
e) Ha mel i en bolle, og tilsett gradvis gjenværende melk, rør med en stålvisp til det er blandet.
f) Rør inn sukker, maismel, sitronskall og egg; rør godt om.
g) Hell melkeblanding over eple og pære; topp med rosiner og druer, og strø over rosmarin.
h) Drypp olje over blandingen; dryss over resterende sukker.
i) Stek ved 350F i 50 minutter eller til det er satt; avkjøles på rist. Skjær i terninger.

64. Feriefruktterter

Gir: 10 porsjoner

INGREDIENSER:
- 3 kopper Vanlig fettfri yoghurt
- Matlagingsspray
- 1¾ kopper Vanlig havre, ukokt
- ¼ kopp Fast pakket brunt sukker
- 2 spiseskjeer All-purpose mel
- ½ kopp Bringebærstrøbar frukt
- 6 spiseskjeer Margarin, smeltet
- 12 gram fettfattig kremost, myknet
- 6 spiseskjeer Sukker
- 1½ spiseskjeer Revet sitronskall
- 1½ spiseskjeer Sitronsaft
- 2 kopper Frosne bringebær, tint og drenert

BRUKSANVISNING:
a) Plasser yoghurt i et dørslag med kaffefilter; legg den over en bolle og dekk den med plastfolie. Avkjøl og avløp i 12 timer.
b) Forvarm ovnen til 350'F.; spray ti 4½" tartelettpanner med PAM. Bearbeid havre, brunt sukker og mel i en kjøkkenmaskinbolle til det er finmalt.
c) Tilsett margarin; prosess til kombinert. Legg 3 ss havreblanding i hver tartelettpanne; trykk jevnt på bunnen og ½" opp sidene. Plasser tartelettpanner på en gelérullplate; stek i 15-17 minutter eller til de er gylne. Avkjøl helt på rist.
d) I en bolle, pisk kremost til den er jevn. Rør inn avrent yoghurt, sukker, sitronskall og juice. Hell jevnt i tilberedte skorper. Topp med 2 ss fruktsaus, dekk til og avkjøl i minst 3 timer.
e) FRUKTSAUS: I en middels kjele, rør All Fruit over lav varme til den er jevn; rør inn frukt.

65. Regnbuefruktterte

Gir: 8 porsjoner

INGREDIENSER:
- ½ Servering av søtdeig til paier og terter

HVIT SJOKOLADEFYLL
- ⅔ kopp Kremfløte
- 10 gram hvit sjokolade
- 1 ss Kirsch eller hvit rom

EFTERSLUTTING
- 1 halvliter Jordbær
- 2 Kiwi
- ½ halvliter Bringebær
- Ristede skiver mandler eller hakkede
- Pistasjnøtter
- Konditorsukker

BRUKSANVISNING:

a) For terteskorpen, forvarm ovnen til 350 grader og sett en rist på midten. Smør terteformen. Rull deigen på en melet overflate og kle en 9-tommers terteform med den. Stikk hull i deigen med tinder av en gaffel og kle den med et stykke bakepapir eller vokspapir.

b) Fyll med tørre bønner. Stek terteskallet i omtrent 20 til 30 minutter, til det er tørt og en dyp gylden farge. Avkjøl terteskallet på rist.

c) Til sjokoladefyllet, kok opp fløten i en middels kjele på lav varme.

d) Fjern fra varmen og tilsett sjokolade på en gang. Rist pannen slik at all sjokoladen er nedsenket og la stå i 3 minutter for å smelte sjokoladen.

e) Tilsett likør og visp jevn. Hell fyllet i en bolle og avkjøl til det tykner, men ikke stivnet, ca. 20 minutter, rør av og til mens det avkjøles.

f) Pisk fyllet litt for å gjøre det glatt nok til å smøre seg.

g) Fordel fyllet jevnt i det avkjølte terteskallet.

h) Plasser frukten i konsentriske rader på sjokoladefyllet, trykk dem litt inn.

i) For å løsne terten, sett terteformen på en stor boks eller beholder og la pannesiden falle bort.

j) Skyv terten fra pannebunnen over på en stor, flatbunnet tallerken.

k) Rett før servering kanter du terten med mandler eller pistasjnøtter og drysser med konditorens sukker.

66. Vaniljekrem fruktterte

Gir: 12 porsjoner

INGREDIENSER:
- ¾ kopp Smør eller margarin -- Myknet
- ½ kopp Konditorsukker
- 1½ kopper All-purpose mel
- 10 gram Pakke med vaniljechips, smeltet og avkjølt
- ¼ kopp Pisker krem
- 8 gram Pakke med kremost, myknet
- 1 halvliter friske jordbær, i skiver
- 1 kopp Friske blåbær
- 1 kopp Friske bringebær
- ½ kopp Ananas jus
- ¼ kopp Sukker
- 1 ss Maisstivelse
- ½ ts Sitronsaft

BRUKSANVISNING:
a) I en bolle, fløtesmør og konditorsukker. Slå inn mel.
b) Klapp inn i bunnen av en smurt 12-tommers pizzapanne.
c) Stek ved 300 grader i 25-28 minutter eller til de er lett brune.
d) Kul. I en annen bolle, visp smeltede chips og fløte.
e) Tilsett kremost; pisk til glatt. Fordel over skorpen. Avkjøl i 30 minutter.
f) Legg bærene over fyllet. Kombiner ananasjuice, sukker, maisstivelse og sitronsaft i en kjele; kok opp på middels varme.
g) Kok i 2 minutter eller til det er tyknet, mens du rører hele tiden.
h) Kul; pensle over frukt. Avkjøl 1 time før servering. Oppbevares i kjøleskapet.

67. Parisienne fruktterte

Gir: 6 porsjoner

INGREDIENSER:
- 10 unse pakke med frosne pattyskjell
- Sukker
- 1 kopp Melk
- 1 kopp Kremfløte
- 4 unse pakke med myk dessertblanding med vaniljesmak
- 2 bananer
- 2 spiseskjeer Sitronsaft
- ⅓ kopp Aprikoskonserver
- 2 kopper Frøfri grønne druer, vasket
- 8¼ unser skivet ananas, drenert.

BRUKSANVISNING:
a) Fjern patty-skjell fra pakken. Tin ved romtemperatur i en halv time.
b) Legg runder av deigen, litt overlappende, på langs på en lett melet overflate. Rull til et 16x4 tommers rektangel.
c) Plasser på en ungreased stor cookie ark; trim kantene jevnt; stikk godt med en gaffel; avkjøl i 30 minutter.
d) Rull avskjær tynt på nytt; kuttet i ⅓-tommers brede strimler omtrent 4 tommer lange; børste med vann; press endene sammen for å lage ringer.
e) Pensle ringene med vann, dypp deretter i sukker; legg på kakeplaten sammen med rektangelet på deigen.
f) Stek wienerbrød og wienerbrød i ovnen på 400 grader i 10 minutter. reserveringer til pynt.
g) Stek bake rektangel 10 minutter lenger, eller til de er gyldenbrune.
h) Fjern to wire racks; kul.
i) Kombiner melk, ¼ kopp fløte og dessertblanding i en liten dyp bolle; beat, følg etikettinstruksjonene . Avkjøl i 15 minutter.
j) Skrell og skjær bananer i ¼-tommers tykke skiver. Dryss over halvparten av sitronsaften.

k) Del deigen i to lag.
l) Legg bunnlaget på et langt serveringsfat eller bord; smør med omtrent ⅔ av den myke desserten; ordne bananskiver på lange sidekanter; smør med resterende dessertblanding.
m)   Topp med et andre deiglag.
n) Varm aprikoskonserver med gjenværende sitronsaft til den er smeltet i en panne; avkjøl litt. Pensle over hele terten.
o) Pisk resten av fløten stiv i en bolle.
p) Pope eller spre kremfløte over toppen av deigen.
q) Ordne pene rader med druer i krem, start i ytterkantene.
r) Skjær ananasskiver i to og legg i midten.
s) Pynt med reserverte konditorringer.

68. Premier hvit fruktterte

Gjør: 1 porsjon

INGREDIENSER:
- Bakverk for enkeltskorpe; 9-tommers pai
- ⅓ kopp Granulert sukker
- ¼ kopp All-purpose mel
- 3 Eggeplommer
- 1 kopp Melk
- 6 unse pakke med hvite bakebarer, hakket
- 1 ts Vaniljeekstrakt
- ¼ kopp aprikossyltetøy; oppvarmet
- 2 Kiwi; skrelles og kuttes
- 1 kopp Bringebær
- Premier White Leaves, valgfritt

BRUKSANVISNING:
a) Linje 9-tommers tertepanne med bakverk; trimme kanter.
b) Prikk deigen med en gaffel. Bake i forvarmet 425 grader F ovn i 10 til 12 minutter til skorpen er lett brunet. Avkjøl til romtemperatur.
c) Kombiner sukker og mel i en panne; rør inn eggeplommer og melk.
d) Kok på middels varme, rør hele tiden til blandingen koker opp.
e) Reduser varmen. La det småkoke under konstant omrøring i 3 minutter til blandingen er tyknet og jevn. Fjern fra varme.
f) Legg til bakestenger og vanilje; rør til glatt.
g) Trykk plastfolie direkte på overflaten av fyllet; avkjøl helt.
h) Fjern terteskallet fra pannen. Pensle syltetøy over bunnen; lett stå i 5 minutter.
i) Smør med fyll. Legg frukt på toppen. Slapp av. Pynt med Premier White Leaves, om ønskelig.

GRØNNSAKSTERTE

69. Alpint potetterte

Gir: 10 porsjoner

INGREDIENSER:
- 7 store Idaho-poteter
- 3 kopper sveitserost, strimlet
- 3 kopper tung krem
- 3 ts hvitløk, hakket
- 1 ss salt
- 2 ts sort pepper, nysprukket
- 1 ss friske timianblader, hakket
- 1 ts Smør, myknet
- Forvarm ovnen til 300 grader F.

BRUKSANVISNING:
a) Skrell potetene og skjær dem i skiver som er omtrent 1,5 cm tykke. Sette til side.
b) Kombiner potetskivene, halvparten av revet ost og fløte, hvitløk, salt, pepper og timian i en bolle. Bland til det er godt blandet.
c) Smør en 9-tommers firkantet kakeform eller ildfast form med det mykede smøret på bunnen og sidene. Legg potetblandingen i bunnen av kjelen, og trykk godt til mens du legger til. Når blandingen er helt i pannen, sørg for at den er godt pakket. Topp med den resterende halvdelen av osten.
d) Stek i forvarmet ovn til toppen er gyllenbrun, ca 1½ time. Ta potetene ut av ovnen og la dem hvile i 15 minutter før du skjærer dem i skiver. Skjær i 2- til 3-tommers firkanter.

70. Artisjokk terte

Gir: 8 porsjoner

INGREDIENSER:
- 1 blindbakt paibunn i en 10 fløyte; d
- 1 terteform
- 2 ss olivenolje
- 1 unse pancetta; julienned
- ½ kopp finhakket løk
- 2 ss hakket sjalottløk
- 6-unse julienned artisjokkhjerter
- 1 ss finhakket hvitløk
- ¼ kopp tung krem
- 3 ss chiffonade av fersk basilikum
- 1 saft av en sitron
- ½ kopp revet Parmigiano-Reggiano ost
- ½ kopp revet Asiago ost
- 1 salt; to nøkler
- 1 nykvernet sort pepper; to nøkler
- 1 kopp urtetomatsaus; varm
- 1 ss chiffonade basilikum
- 2 ss revet parmesanost

BRUKSANVISNING:
a) Forvarm ovnen til 350 grader.
b) Varm opp olivenolje i en sautépanne.
c) Stek pancettaen i 1 minutt.
d) Tilsett løk og sjalottløk og fres i 2 til 3 minutter.
e) Tilsett hjerter og hvitløk og fortsett å surre i 2 minutter.
f) Tilsett fløten. Smak til med salt og pepper. Rør inn basilikum og sitronsaft.
g) Fjern fra varmen og avkjøl. Fordel artisjokkblandingen på bunnen av terteformen. Dryss osten over blandingen.
h) Stek i 15 til 20 minutter eller til ostene har smeltet og er gyldenbrune. Hell en del av sausen i midten av platen. Legg en skive av terten i midten av sausen.

i) Pynt med revet ost og basilikum.

71. **Pumpkin Pie Cheesecake Tert**

Gjør: 1

INGREDIENSER:
SKORPEN
- ¾ kopp mandelmel
- ½ kopp linfrømel
- ¼ kopp smør
- 1 ts Pumpkin Pie Spice
- 25 dråper flytende stevia

FYLLET
a) 6 gram vegansk kremost
b) ⅓ kopp gresskarpuré
c) 2 ss rømme
d) ¼ kopp vegansk tung krem
e) 3 ss smør
f) ¼ ts gresskarpai-krydder
g) 25 dråper flytende stevia

BRUKSANVISNING:
a) Kombiner alle skorpene tørre ingredienser og stirrer grundig.
b) Mos sammen tørre ingredienser med smør og flytende stevia til det dannes en deig.
c) Rull deigen til små kuler til miniterteformene.
d) Trykk deigen mot siden av terteformen til den når og går opp på sidene.
e) Kombiner alle ingrediensene til fyllet i en bolle.
f) Bland ingrediensene til fyllet med en stavmikser.
g) Når fyllingrediensene er jevne, fordel dem i skorpen og avkjøl.
h) Ta ut av kjøleskapet, skjær i skiver og topp med kremfløte om ønskelig.

72. Stekte grønnsaksterter

Gjør: 1 porsjon

INGREDIENSER:
- 450 gram Poteter; skrellet, revet,
- 1 stor Pastinakk; skrelt og revet
- 50 gram vanlig mel
- Salt og nykvernet pepper
- 3 L5ml vegetabilsk olje
- 2 paprika; kjernehus og grovhakket
- 1 Squash; kuttes i biter
- 2 Hvitløksfedd; knust
- 1 Rødløk; kuttes i biter
- 2 125 g poteter; godt skrubbet
- 25 gram Vegetarisk Pecorino; flak

BRUKSANVISNING:
a) Forvarm ovnen til 220ØC/425ØF/gassmerke 7
b) Bland revet potet, pastinakk og mel; smak til med salt og pepper, og bind deretter sammen med 2 x 15 ml skje / 2 ss olje.
c) Del i 4 hauger på en godt smurt bakeplate og form til 10 cm reir med kantene litt hevet. Dekk til med matfilm og avkjøl i 30 minutter.
d) Bland imens paprika, squash, hvitløk og løk. Skjær potetene på langs i like store skiver og legg dem i de andre grønnsakene.
e) Kast grønnsakene i den resterende oljen med salt og pepper og stek deretter i ovnen i 20 minutter.
f) Snu grønnsakene. Avdekk tertene og sett dem i ovnen på en egen plate, fortsett å steke i ytterligere 20 minutter.
g) Overfør tertene til serveringsfatene og hell inn ristede grønnsaker.
h) Topp med flak av pecorinoost og server umiddelbart.

73. Stekt grønnsaks- og geitost briocheterte

Gir: 8 porsjoner

INGREDIENSER:
- ½ oz fersk gjær
- 3 ½ gram varmt vann
- 8 oz sterkt vanlig hvitt mel
- 1 oz sukker
- 2 egg
- 4 oz usaltet smør
- 1 liten Aubergine
- 1 medium Squash
- 2 spiseskjeer Oliven olje
- 15 g pakke fersk timian
- 2 Hvitløksfedd; tykke skiver
- 1 rød pepper
- 3 ½ oz geitost; oppskåret
- Salt og nykvernet sort pepper

BRUKSANVISNING:
a) Forvarm ovnen til 400 F.
b) Bland gjæren med varmt vann, tilsett 4 ss vanlig mel, dekk bollen med matfilm og la stå på et lunt sted i 10-15 minutter.
c) Ha det resterende melet i en bolle.
d) Tilsett sukker, egg, gjærblanding og en klype salt. Pisk godt i 5 minutter.
e) Dekk bollen med matfilm, og la deigen stå på et lunt sted i 30 minutter eller til deigen har doblet seg.
f) Skjær auberginen og squash på langs.
g) Legg disse på en bakeplate og pensle med olivenolje. Dryss 1 fedd hvitløk og litt timian på toppen. Stek i 10 minutter.
h) Legg den røde paprikaen på et eget brett, pensle med olivenolje og dryss over hvitløk og timian. Stek i ovnen i 20 minutter til de er myke. Fjern huden når den er avkjølt.

i) Når briochedeigen har doblet seg i størrelse, sett bollen tilbake i mikseren og pisk inn det mykede smøret gradvis. Dekk bollen igjen med matfilm og sett bollen på et lunt sted i ytterligere 30 minutter.

j) Når briochen har doblet seg, tar du den ut av bollen i ca. 30-40 minutter. Hell lett mel på arbeidsflaten og kjevle ut deigen til ¾ tomme tykk og legg deigen i bunnen av en non-stick form.

k) Plasser geitosten og de brente grønnsakene på toppen av deigen og la ¾ tomme ligge rundt ytterkanten. Dryss over frisk timian og smak til med salt og nykvernet sort pepper.

l) Stek i ovnen i 35 minutter til de er gyldenbrune.

m) Ta ut av formen og pensle med resten av olivenoljen.

74. Velsmakende grønnsaksterte

Gir: 6 porsjoner

INGREDIENSER:
KONTEKSKORPE
- 2 kopper Ubleket hvitt mel
- ⅓ kopp Fullkornsmel
- ½ ts Salt
- ½ kopp Vegetabilsk olje
- 4 spiseskjeer Skummet eller lettmelk; etter behov, opptil 5
- 4 teskjeer Oliven olje
- 2 store løk; oppskåret
- ½ ts Salt
- ¼ teskje Nykvernet sort pepper
- 2 medier Squash; tynt kuttet
- 3 Plommetomater; tynt kuttet

BRUKSANVISNING:
a) Forvarm ovnen til 400 F. Bland både mel og salt i en bolle.

b) Tilsett gradvis olje, bland blandingen med en gaffel til den er smuldret. Rør med en gaffel, tilsett nok melk til blandingen kommer sammen til en ball. Form til en liten skive.

c) Kjevle ut deigen mellom to ark med vokspapir til en 12-tommers runde omtrent ¼ tommer tykk.

d) Fjern det øverste arket med papir og vend deigen, uten å strekke seg, inn i en 9-tommers rund terteform med avtagbar bunn.

e) Trekk forsiktig av det øverste stykket vokspapir. Plasser deigen langs bunnen og sidene av terteformen og trim kantene.

f) Kle skorpen løst med folie, og fyll den med tørkede bønner eller paivekter.

g) Stek i 15 minutter. Fjern folie og bønner og stek til de er gyldenbrune, ca 15 minutter til. Ha over på rist og la avkjøles. Reduser ovnstemperaturen til 375 F.

h) Varm olje over middels varme i en stor panne.

i) Tilsett løk og stek, rør av og til, til den er gyldenbrun, 15 til 20 minutter.

j) Overfør til skorpen og fordel jevnt. Smak til med litt salt og pepper.

k) Tilsett zucchini i pannen og stek til den er lett gylden, ca 2 minutter på hver side.

l) Anrett squash- og tomatskiver i alternative sirkler på toppen av løk, dryss med resterende salt og pepper. Stek til tomatene er myke, ca 25 minutter. Server varm, eller overfør til en rist for å avkjøles, og avkjøl til den skal serveres.

75. Grønnsakskremterte

Gjør: 1 porsjon

INGREDIENSER:
- ¼ pund Assortert vill og eksotisk sopp s
- 5 skiver Rødløk
- 5 skiver Aubergine
- 10 skiver Squash
- 10 skiver Gul squash
- ¼ kopp Oliven olje
- Salt og nykvernet sort pepper etter smak
- 4 store Eggeplommer
- 2 kopper Kremfløte
- ½ kopp Nyrevet Parmigiano-Reggiano ost
- 1 ss Hakkede friske bladpersille
- 1 strek Worcestershire saus
- 1 dash varm saus
- ½ Grunnpai Deig; rullet ut

BRUKSANVISNING:
a) Forvarm ovnen til 400 grader.
b) Ha sopp og grønnsaker i en bolle, tilsett olivenolje og smak til med salt og pepper. Kast to strøk.
c) Fordel grønnsakene jevnt på en stor stekeplate og stek til de er lett gylne, ca 20 minutter.
d) Ta ut av ovnen og la avkjøles.
e) Reduser ovnstemperaturen til 350 grader.
f) I en annen bolle kombinerer du eggeplommene og fløten og visp godt. Tilsett ost, persille, Worcestershire og varm saus, og smak til med salt og pepper.
g) Visp for å blande.
h) Kle en 10-tommers dyp paiform med paibunnen og krymp kantene.
i) Legg auberginen, deretter squash, zucchini, sopp og løk i bunnen av pannen.
j) Hell eggeblandingen jevnt over toppen.

k) Stek til midten stivner og toppen er gyllen, ca 50 minutter.
l) Ta ut av ovnen og la avkjøle i 5 minutter før du skjærer opp til servering.

OSTTERTER

76. Alsace osteterte

Gir: 10 porsjoner

INGREDIENSER:
- 4 kopper kakemel
- ⅝ kopp sukker
- 2½ pinner søtt smør
- 1 helt egg
- 16 gram ricottaost
- ¾ kopp tung krem
- 4 store egg, adskilt
- dash Fersk sitronsaft
- klype Friske frø av vaniljestang ELLER
- 2 dråper til 3 dråper vaniljeekstrakt
- 2 ss Kirsch
- ¾ kopp til 1 kopp sukker
- ½ ts malt kanel
- 1 ts vaniljeekstrakt
- Revet skall av ½ sitron

BRUKSANVISNING:
a) Bland alle ingrediensene godt, uten å overarbeide deigen. La deigen hvile i 30 minutter før bruk.
b) Forvarm ovnen til 375F. Kjevle ut deigen på en melet overflate og kle bunnen og sidene av en 9-tommers til 10-tommers terte/paiform med deigen.
c) Pisk ricotta og fløte sammen i en bolle; tilsett eggeplommer, sukker, kanel, vanilje, kirsch og sitronskall. Bland grundig til det er veldig glatt.
d) Pisk eggehvitene stive og vend dem forsiktig inn i røren.
e) Hell røren i den kakekledde formen.
f) Stek i 40 til 45 minutter, eller til de er litt oppblåste og veldig brune. Avkjøl terten helt, og avkjøl deretter i flere timer før du skjærer den.

77. Amaretto ostekake terter

Gir: 24 porsjoner

INGREDIENSER:
- ⅓ kopp solsikkefrø eller mandler finmalt
- 8 gram kremost
- 1 egg
- ⅓ kopp Usøtet strimlet kokosnøtt
- 2 ss honning
- 2 ss Amaretto likør

BRUKSANVISNING:
a) Kle koppene til to muffinsformer med papirliner.
b) Kombiner solsikkekjerner og kokosnøtt.
c) Legg 1 teskje av denne blandingen i hver liner.
d) Trykk ned med baksiden av en skje for å dekke bunnene.
e) Forvarm ovnen til 325F.
f) For å lage fyllet, kutt kremosten i 8 blokker og bland med egg, honning og Amaretto i en foodprosessor, blender eller bolle til den er jevn og kremaktig.
g) Legg en spiseskje av fyllet i hver tartelettbeger og stek i 15 minutter

78. **Belgisk osteterte**

Gir: 8 porsjoner

INGREDIENSER:
- Sandkaker
- ½ pund kremost
- 3 spiseskjeer Konditorsukker
- 1 ts Sitronsaft
- 2 egg; Stor
- ⅔ kopp Kremfløte

BRUKSANVISNING:
a) Forvarm ovnen til 350 grader F. I en bolle, pisk sammen ost, sukker og sitronsaft til blandingen er lett og luftig. Tilsett eggene, ett om gangen og pisk godt etter hver tilsetning. Pisk til veldig glatt etter siste tilsetning.
b) Rør inn fløten og hell blandingen i den tilberedte skorpen.
c) Pensle toppen av terten med et egg og konditorsukker som er pisket sammen.
d) Stek i 25 minutter eller til stivnet. Avkjøl til romtemperatur og avkjøl før servering.

79. Paprika og osteterte

Gir: 6 porsjoner

INGREDIENSER:
- 1½ kopper All-purpose mel
- 1 ts Sukker
- ¼ teskje Salt
- ½ kopp kjølt usaltet smør, kuttet i biter
- 4 ss isvann
- 10 Aspargesspyd, trimmet og kuttet i 1-tommers biter
- 3 spiseskjeer Oliven olje
- 2 Rød paprika, kuttet i fyrstikkstore strimler
- 2 Grønn paprika, kuttet i fyrstikkstore strimler
- 2 små Purre, kuttet i fyrstikkstore strimler
- 1 kopp Revet Gruyere ost
- 1 kopp Revet mozzarellaost

BRUKSANVISNING:
FOR SKORPEN:
a) Bland mel, sukker og salt i en foodprosessor.
b) Tilsett smør og kutt inn med av/på-svinger til blandingen minner om et grovt måltid.
c) Bland inn nok vann i en spiseskje til deigen begynner å klumpe seg sammen.
d) Samle deigen til en ball; flat den til en disk.
e) Pakk inn i plast og avkjøl i 1 time.
f) Forvarm ovnen til 350'F.
g) Smør en 9-tommers diameter terteform med avtagbar bunn.
h) Kjevle ut deigen på en lett melet arbeidsflate til ⅛-tommers tykk rund. Overfør deigen til den forberedte terteformen. Trim kanter.
i) Frys i 15 minutter. Kle skorpen med folie. Fyll med tørkede bønner. Stek i 15 minutter.
j) Fjern folie og bønner.
k) Stek til de er lett gylne på kantene, ca 15 minutter.
FOR FYLLET:

l) Kok opp en stor kjele med vann. Tilsett asparges og blancher i 2 minutter. Avløp. Ha over i en bolle med isvann og avkjøl.

m) Avløp. Varm olje i en stor gryte over høy varme. Tilsett paprika og purre og surr til de er så vidt møre, ca 10 minutter.

n) Overfør til en bolle. Bland inn asparges.

o) Forvarm ovnen til 350'F. Bland Gruyere i grønnsaker.

p) Overfør blandingen til skorpen.

q) Dryss over mozzarellaost. Stek terten til osten smelter, ca 10 minutter. Serveres varm.

80. Frokost ost terte

Gjør: 1 porsjon

INGREDIENSER:
- Bakverk for 9-tommers pai; Bruk Basic Pai Crust
- 8 gram sveitsisk eller jarlsbergost; kuttes i biter
- 1 pund Ricotta-ost
- 3 Egg
- 1 medium Løk; finhakket
- 2 Hvitløksfedd; trykket
- ½ ts hvit pepper
- 2 medier Modne tomater i størrelse; skrelles og skjæres i tynne skiver
- 1 ts Ekstra virgin olivenolje
- 1 ss Nyklippet gressløk
- 1 ss Hakket persille
- 1 ts hakket fersk timian;
- 1 ts hakket fersk basilikum;

BRUKSANVISNING:
a) Forvarm ovnen til 450 grader. Bruk en 9-tommers x 1-tommers terteform med avtagbar bunn. Spray godt med matlagingsspray eller fett rikelig.
b) Trykk på deigen slik at den passer inn i formen. Trim jevnt omtrent 1 tomme utenfor kanten av pannen, brett deretter tilbake over kanten og krymp for å lage en attraktiv og solid riflet kant. Kle pannen med aluminiumsfolie som du har sprayet med matlagingsspray på begge sider, og plasser deretter en 8 eller 9-tommers glasspaiform inne i folien.
c) Snu sammenstillingen opp ned på kakeplaten, og stek i 9 minutter. Ta formen ut av ovnen, snu og fjern paiplaten og folien.
d) Tilbake til ovnen og stek 5 minutter lenger. Fjern ovenfra og sett til side. Senk ovnstemperaturen til 350 grader. Kombiner Jarlsberg, ricotta, egg, løk, hvitløk og pepper i en blender eller arbeidsbolle i en foodprosessor.

e) Rør til den er jevn og godt blandet. Hell jevnt i det bakte skallet, Plasser pannen på kakeplaten. Stek i 25 til 30 minutter til fyllet er delvis stivnet. I mellomtiden tømmer du tomatskivene på tørkepapir. Ta terten ut av ovnen.

f) Legg tomatskiver på toppen rundt kanten. Sett tilbake i ovnen og stek i 30 til 35 minutter, til kniven som er satt inn i midten kommer ren ut. Pensle tomater med olivenolje, og dryss over friske urter. Lett å stå i 20 minutter. Fjern terteformens sider ved å trykke oppover på den avtagbare bunnen.

g) Legg på et rundt fat, pynt med friske urter og server.

81. Kremet hvitløk og osteterte

Gir: 8 porsjoner

INGREDIENSER:
- 1 Avkjølt paibunn
- 1 ts fluor
- 3 gram kremost, myknet
- 6 ½ oz pakke hvitløk og krydder Kremet smørbar ost
- 2 spiseskjeer Smør
- 3 Egg
- ¼ teskje Timian
- ¼ teskje Kvernet rød pepper
- ½ kopp Melk eller tung fløte

BRUKSANVISNING:
a) Forvarm ovnen til 375F.
b) Kle paiformen med skorpe; drys lett med mel.
c) Pisk ost og smør til en jevn masse. Tilsett egg, timian og rød pepper; pisk til det er lett og kremet. Pisk inn melk bare til det er blandet. Hell i paiskall.
d) Stek i den nedre tredjedelen av ovnen i ca. 30 minutter til den er lys og oppblåst og en kniv er testet ren. Hvis den brunes for raskt, dekk den med folie i løpet av de siste 10 minuttene av tilberedningen.
e) Legg på rist og avkjøl til romtemperatur.

82. Karri- og chutneyostterte

Gir: 24 porsjoner

INGREDIENSER:
- 16 gram kremost
- 2 ts karri pulver
- 2 ss Sherry
- 8 unse Cheddar ost; makulert
- 4 Scallions; tynt kuttet
- 9 unse Krukke med chutney

BRUKSANVISNING:
a) Plasser uinnpakkete pakker med kremost i et 2-liters glassmål.
b) Mikrobølgeovn på medium i 2½ minutter.
c) Bland inn karri og sherry. Brett inn cheddar og ¾ av løk; Bland godt.
d) Hell blandingen på et serveringsfat i en 8-tommers sirkel.
e) Bruk en slikkepott for å lage en terteform, bygg opp sidene mens du rykker inn toppen.
f) Ha chutney i blender og puré til en jevn blanding.
g) Hell i det innrykkede området på osteterten. Avkjøl til den er stiv.
h) For å servere, pynt toppen med den resterende løken.

83. Fransk osteterte

Gir: 12 porsjoner

INGREDIENSER:
- 2 kopper All-purpose mel; usiktet
- ¼ teskje Salt
- ½ ts Bakepulver
- ⅔ kopp Smør eller margarin
- ⅓ kopp Granulert sukker
- 2 Eggeplommer
- 2 spiseskjeer Kremfløte
- ½ ts Revet sitronskall
- 4 spiseskjeer Smør eller margarin
- ⅔ kopp Granulert sukker
- 2 kopper Tørr cottage cheese
- 1 Eggeplomme
- ¼ kopp Kremfløte
- ⅓ kopp Gylne rosiner
- ½ ts Revet sitronskall
- 1 Eggehvite; litt slått
- Konditorsukker

BRUKSANVISNING:
a) I en bolle, sikt mel, salt og bakepulver.
b) Kutt i smør med en konditormikser til blandingen minner om grove smuler.
c) Tilsett ⅓ kopp granulert sukker, 2 eggeplommer, 2 ss tykk fløte og ½ teskje sitronskall; med en gaffel, bland til deigen holder sammen.
d) Vend ut på en lett melet overflate; elt til det er glatt, ca 2 minutter.
e) Form til en ball; pakk inn i vokset papir. Avkjøl deigen i 30 minutter. Lag ost
FYLLING:

f) I en bolle med en elektrisk mikser på høy hastighet, pisk smør, perlesukker og cottage cheese til det er godt blandet, ca. 3 minutter.

g) Tilsett eggeplommer og fløte; slå godt. Rør inn rosiner og sitronskall. Forvarm ovnen til 350 F.

h) Smør lett en 13x9x2" bakeplate. Del deigen i to.

i) På en lett melet overflate ruller du ut den ene halvdelen av deigen til et 13x9" rektangel.

j) Passer inn i bunnen av den forberedte pannen. Hell i fyllet, fordel jevnt.

k) Del resten av deigen i to. Skjær den ene halvdelen i 5 like biter.

l) Rull hvert stykke på et brett til en blyantlignende strimmel 13" lang.

m) Ordne disse strimlene på langs, 1½" fra hverandre på fyllingen.

n) Med det gjenværende bakverket lager du nok strimler til å passe diagonalt, 1 ½ tommer fra hverandre, på tvers av langsgående strimler.

o) Pensle deigstrimler med eggehvite.

p) Stek i 40 minutter eller til de er gyldenbrune. Lett å stå i 5 minutter.

q) Dryss deretter over konditorsukker, og kutt i 3-tommers firkanter. Serveres varm.

84. Geitost og spinat terte

Gir: 8 porsjoner

INGREDIENSER:
- ½ kopp hakket løk
- 1 ss oliven olje
- 3 kopper stilket og vasket spinat
- 5 egg
- 1½ kopper fersk geitost
- 2 kopper kremfløte
- 1 salt; to nøkler
- 1 nykvernet hvit pepper; to nøkler
- 1 ni-tommers forhåndsbakt vanlig terteskall
- 2 ss hakket gressløk
- 2 spiseskjeer finhakket rød paprika

BRUKSANVISNING:
a) Forvarm ovnen til 350 grader. Kok løk i olje i en stekepanne til den er mør, 5 minutter; tilsett spinat, en håndfull på en time, under omrøring.
b) Kok til spinaten visner, slipper væsken og væsken fordamper.
c) Overfør til en bolle for å avkjøles. I en annen bolle pisk egg med geitost for å blande grundig, tilsett fløte og rør inn den avkjølte spinatblandingen; smak til med salt og pepper. Fyll terteskallet. Stek i 30 minutter til vaniljesausen sitter godt fast på sidene, men fortsatt litt fuktig i midten.
d) Avkjøl på rist i ca 10 minutter før du skjærer i skiver. Server pyntet med klippet gressløk og rød pepper i terninger.

85. Gylden ananas-ostterte

Gir: 12 porsjoner

INGREDIENSER:
- 2 kopper Usiktet mel
- ¼ teskje Salt
- ½ ts Bakepulver
- ⅔ kopp Smør eller margarin
- ⅓ kopp Sukker
- 2 Eggeplommer
- 2 spiseskjeer Krem
- ½ ts Revet sitronskall
- 8 gram Knust ananas
- 4 spiseskjeer Smør eller margarin
- ⅔ kopp Sukker
- 16 gram Fløteost, myknet
- 1 Eggeplomme
- ¼ kopp Kremfløte
- ½ kopp Gylne rosiner
- 1 ts Revet sitronskall

BRUKSANVISNING:
KAKE:
a) I en bolle, sikt mel, salt og bakepulver.
b) Kutt inn ⅔ kopp smør med en konditormikser til blandingen ligner grove smuler.
c) Tilsett sukker, 2 eggeplommer, fløte og sitronskall.
d) Bland med hendene til blandingen holder seg sammen. Mel og elt i ca 2 minutter,
e) Avkjøl deigen på vokspapir i 30 minutter.
f) Tøm ananas, og forvarm ovnen til 350 grader F. Smør 10-tommers springform.
g) Fjern siden av pannen.
FYLLING:
h) I en bolle, pisk smør, sukker og kremost på høy hastighet til det er blandet.

i) Tilsett eggeplomme og fløte. Rør inn ananas, rosiner og sitronskall. Sette til side.
j) Legg ¾ av deigen i bunnen av springformen.
k) Kjevle ut deigen slik at den passer til formen. Stek i 12 minutter eller til de er gyldne; kul. Skift siden av fjæren fra pannen.
l) Hell fyllet i pannen - fordel jevnt.
m)   Pynt toppen av fyllet med resten av deigen .
n) Stek i 40 minutter eller til de er gyldenbrune. Avkjøl i 10 minutter. Dryss over konditorsukker. Serveres varm eller i romtemperatur. Oppbevares kjølig.

86. Druer ånd ripsterte med fontinaost

Gir: 8 porsjoner

INGREDIENSER:
- ½ kopp Kokende vann
- ¼ kopp Tørkede rips
- 6 skiver Hvitt brød ¾ unse hver skive
- Vegetabilsk matlagingsspray
- 1½ kopper Skummet melk; delt
- 1¼ kopper Terninger fontina ost 5 unser
- 1¼ kopper Seedless røde druer; halv
- 2 spiseskjeer All-purpose mel
- ⅓ kopp Sukker
- 2 spiseskjeer Gult maismel
- 1 ts Revet sitronskall
- 3 Eggehviter; lett slått
- 1 egg; lett slått
- 1 ts Ekstra virgin olivenolje
- 1 ss Sukker
- 2 teskjeer Finhakket fersk rosmarin

BRUKSANVISNING:
a) Forvarm ovnen til 350 grader.
b) Kombiner kokende vann og rips; lett å stå i 15 minutter. Tøm og sett til side. Trim skorper fra brød; kaste skorper.
c) Skjær hver skive i 4 trekanter; plasser trekanter i et enkelt lag i en 10-tommers quiche-fat belagt med matlagingsspray. Hell ½ kopp melk over brødet; lett stå i 5 minutter. Topp med rips, ost og druer.
d) Ha mel i en bolle, og tilsett gradvis den resterende 1 koppen melk, rør med en stålvisp til det er blandet.
e) Rør inn ⅓ kopp sukker, maismel, sitronskall, eggehviter og egg; hell over terten. Ringle olje over terten, og strø over 1 ss sukker og rosmarin.
f) Stek i 45 minutter eller til stivnet; avkjøles lett på rist

87. Urteostterter

Gir: 24 porsjoner

INGREDIENSER:
- ⅓ kopp Fine tørre brødsmuler eller finknust zwieback
- 8 gram Pakke med kremost, myknet
- ¾ kopp cottage cheese i kremstil
- ½ kopp Strimlet sveitserost
- 1 ss All-purpose mel
- ¼ teskje Tørket basilikum, knust
- ⅛ teskje Hvitløkspulver
- 2 Egg
- non-stick spraybelegg
- meieri rømme
- modne oliven i skiver eller skiver, rød kaviar
- stekt rød pepper

BRUKSANVISNING:
a) For skorpen, spray tjuefire 1¾-tommers muffinskopper med nonstick-spraybelegg.
b) Dryss brødsmuler eller knust zwieback på bunnen og sidene for å belegge.
c) Rist pannene for å fjerne overflødig smuler. Sette til side.
d) Kombiner kremost, cottage cheese, sveitserost, mel, basilikum og hvitløkspulver i en liten mikserskål. Pisk med en elektrisk mikser på middels hastighet til det er luftig.
e) Tilsett egg; slå på lav hastighet bare til det er blandet. Ikke overbeat.
f) Fyll hver smuldret muffinskopp med 1 ss osteblanding. Stek i en 375-graders ovn i 15 minutter eller til sentrene ser ut til å sette seg.
g) Avkjøl i panner på rist i 10 minutter. Fjern fra pannen.
h) Avkjøl godt på rist.
i) For å servere, smør topper med rømme. Pynt med oliven, kaviar, gressløk og/eller rød pepper og olivensnitt. Gjør: 24 terter.

j) Bake og avkjøl terter som anvist, bortsett fra at de ikke smøres med rømme eller toppes med pynt.
k) Dekk til og avkjøl i kjøleskapet i opptil 48 timer. La terten stå i romtemperatur i 30 minutter før servering.
l) Smør med rømme og pynt som anvist.

88. Middelhavsostterte

Gir: 12 porsjoner

INGREDIENSER:
- 8 Ark frossen filodeig; tint
- ¼ kopp Smør; smeltet
- ¼ kopp Parmesan ost; raspet
- ½ kopp Løk; hakket
- 1 ts fersk rosmarin; klippet
- ¼ teskje tørket rosmarin, knust)
- 1 ss Oliven olje
- 5 gram Frossen hakket spinat; tint
- ⅓ kopp Ristede pinjekjerner eller valnøtter
- 1 Egg
- 1 kopp Ricotta-ost
- ½ kopp Fetaost; smuldret opp
- ¼ kopp Oljepakke soltørkede tomater; drenert
- ¼ teskje Grovkvernet pepper
- 1 ss Parmesan ost; raspet

BRUKSANVISNING:
a) Brett ut filo; dekk den til med plastfolie eller et fuktig håndkle for å unngå å tørke ut.
b) På en tørr arbeidsflate legger du ett ark filo; pensle med smør.
c) Topp med et annet ark filo, pensle med smør og strø over 1 ss parmesanost.
d) Gjenta med resterende filoplater, smør og parmesan.
e) Bruk en kjøkkensaks og trim filoen til en 11" sirkel.
f) Legg filoen jevnt inn i den tilberedte pannen, brett etter behov og pass på så du ikke river filoen. Dekk pannen med et damphåndkle; sette til side.
g) Til fyllet: kok løk og rosmarin i olivenolje i en middels kjele til løken er mør. Rør inn spinat og pinjekjerner.
h) Fordel i den filokledde springformen. Sette til side.

i) Pisk egg lett i en bolle. Rør inn ricotta, feta, tomater og pepper. Fordel forsiktig over spinatblandingen. Dryss over 1 ss parmesanost.

j) Plasser springformen på en grunn stekepanne på ovnsristen. Stek i en 350 graders ovn i 35 til 40 minutter eller til midten ser ut til å nesten stivne når den ristes.

k) Avkjøl terten i springform på rist i 5 minutter. Løsne sidene av pannen. Avkjøl i 15 til 30 minutter til. Før servering fjerner du sidene av fjæren fra pannen. Serveres varm.

89. Sitron-ost terter

Gjør: 1 porsjon

INGREDIENSER:
- ¼ kopp Sitronsaft
- Revet skall av 1 ½ sitron
- ½ kopp Pluss 1 ss sukker
- 2 egg; rytmen
- ¼ kopp Smør eller margarin -Fløteostskjell---
- ½ kopp smør eller margarin; myknet
- 3 gram Pakke med kremost; myknet
- 1 kopp All-purpose mel
- Pisket krem

BRUKSANVISNING:
a) Kombiner sitronsaft, skall og sukker på toppen av en dobbel kjele; rør inn egg og smør.
b) Kok over kokende vann, rør hele tiden til den tykner.
c) Skje fyll i kremostskjell; pynt med pisket krem.
d) Kombiner smør og kremost, bland til jevn; tilsett mel, bland godt. Avkjøl i 1 time.
e) Form deigen til 1-tommers baller; legg hver i en godt smurt muffinskopp i miniatyr, form til et skall.
f) Stek på 350 grader i 25 minutter. La avkjøling før fylling.

90. Papaya-kremostterte med macadamianøtter

Gir: 8 porsjoner

INGREDIENSER:
- 2 kopper Mel
- 6 gram kalde usaltede smørterninger
- ¼ teskje Salt
- ½ ts Sukker
- ⅓ kopp Kaldt vann
- 12 unser Kremost
- 4 unser Tung kremfløte
- ½ kopp Melis
- ½ ts Vaniljeekstrakt
- 1 Veldig moden papaya, skrelt, kuttet i ¼" skiver
- ½ kopp Ferskenglasur, smeltet
- ½ kopp Macadamianøtter, ristet
- 8 gram bitter sjokolade
- 8 gram halvsøt sjokolade
- 2½ kopper Kremfløte
- 4 spiseskjeer Varmt vann

BRUKSANVISNING:
a) Forbered terteskallet - Sikt sammen mel, salt og sukker. Dekk smørterninger med melblandingen og vann og elt til de er formbare, men ikke homogene.
b) Legg igjen biter av vanlig smør, ellers blir deigen for elastisk. Rull deigen forsiktig til ¼-tommers tykkelse og legg den på en terteform. Trim kantene og stikk bunnen av deigen med en gaffel. Stek i ovnen ved 350 grader F i omtrent ti minutter eller til terteskallet blir litt brunt. Slapp av.
c) Forbered kremostfyll - Pisk kremfløte til det danner myke topper. I en mikser, pisk kremost til den blir luftig. Bland inn kremfløte, melis og vaniljeekstrakt.
d) Sette til side.
e) Fyll terteskallet med kremostblanding.

f) Ordne papayaskiver i et pinwheel design over toppen av ostekremen. Legg macadamianøtter i midten av terten. Med en konditorkost, belegg toppen av terten med ferskenglasur. Avkjøl i ½ time før servering.

g) Tilbered sjokoladesaus - Varm opp bitter sjokolade, halvsøt sjokolade, tykk fløte og varmt vann i en kjele, rør ofte, til sausen har en jevn konsistens.

h) Til servering-- Skjær terten i 8 stykker. Drypp sjokoladesaus på en tallerken og legg en bit av terten på hver tallerken.

91. **Ricotta ost og spinat terte**

Gir: 6 porsjoner

INGREDIENSER:
- 14 oz sterkt vanlig mel
- 1 klype Salt
- 1 pakke Waitrose Frisk basilikum og timian, hakket
- 3 ss olivenolje
- 3 Egg, takten
- 250 g balje med Ricotta ost
- 500 g pakke frossen helbladsspinat
- Nyrevet muskatnøtt
- 2 Egg
- 1 ¾ unser pinjekjerner, ristet
- 1 Sitron; smak av
- 3 ½ gram revet parmesan
- Salt og nykvernet sort pepper
- Melk til glasering

BRUKSANVISNING:
a) Sikt melet i en bolle og tilsett salt og urter.
b) Lag en brønn i midten. Tilsett oljen og tilsett deretter eggene gradvis.
c) Bland til en jevn blanding, tilsett litt vann om nødvendig.
d) Elt i 10 minutter, pakk deretter inn i matfilm og legg i kjøleskapet i 30 minutter.
e) Kombiner alle ingrediensene til fyllet.
f) På en melet overflate ruller du ut to tredjedeler av pastaen og bruker den til å kle en firkantet form.
g) Hell fyllet inn i pastaen og jevn den ut slik at den dekker bunnen.
h) Kjevle ut resten av pastaen og dekk toppen.
i) Fukt og forsegl kantene med litt vann.
j) Kutt av overflødig pasta og pensle med litt melk, prikk og sett i midten av en forvarmet ovn.
k) Stek ved 400ºF i 25-30 minutter til den er gylden på toppen.

92. Southwest osteterte

Gir: 8 porsjoner

INGREDIENSER:
- 1 ss olje
- ½ kopp hakket rød paprika
- ½ kopp hakket løk
- 1 ss finhakket hvitløk
- 1 ss finhakket jalapenopepper
- 4 egg
- 2 kopper kremfløte
- 2 kopper jalapeno jack ost
- 1 kopp stekte maiskjerner; Pluss
- 1 ekstra stekt mais kjerne; til pynt
- 1 kopp kokte svarte bønner; skylles
- ½ ts malt spisskummen
- ¼ teskje chilipulver
- 1 salt; to nøkler
- 1 nykvernet hvit pepper; to nøkler
- 1 ni-tommers forhåndsbakt terteskal
- 1 servering pico de gallo
- 1 hakket koriander; til pynt

BRUKSANVISNING:
a) Varm olje i en stekepanne og kok paprika, løk og hvitløk til de er møre; sett til side til avkjøling.
b) I en bolle visp egg og fløte til kombinert; rør inn sauterte grønnsaker og de resterende ingrediensene, og smak til med krydder, salt og pepper. Hell eggeblandingen i terteskallet og stek i 30 minutter eller til vaniljesausen er fast å ta på.
c) Avkjøl kort før skjæring. Server med Pico De Gallo ved siden av, drysset med ristede maiskorn og hakket koriander.

SVAMPTERT

93. Eksotisk soppterte

Gir: 8 porsjoner

INGREDIENSER:
- 2½ kopper Mel; Pluss
- 2 spiseskjeer Mel
- 2 teskjeer Salt
- ½ ts Cayenne
- 1 kopp Smult
- 2 spiseskjeer Isvann
- 2 spiseskjeer Smør
- ½ kopp Finhakket løk
- Salt; to nøkler
- nykvernet sort pepper; to nøkler
- 4 kopper Oppskåret eksotisk sopp
- 2 teskjeer Hakket hvitløk
- 2 kopper Kremfløte
- 3 egg
- 1 dash varm peppersaus
- 1 strek Worcestershire saus
- 1 kopp Revet hvit cheddarost
- 4 unser Parmigiano-Reggiano ost; barbert
- 2 kopper Erteskudd

BRUKSANVISNING:
a) Drypp hvit trøffelolje
b) Kombiner 2½ kopper mel, 2 ts salt og ¼ ts cayenne i en bolle. Kutt inn smultet med en konditormikser til blandingen minner om et grovt måltid.
c) Tilsett isvannet og bland til deigen løsner fra sidene av bollen. Form deigen til en ball og dekk den med plastfolie. Sett i kjøleskapet og avkjøl i 1 time.
d) Forvarm ovnen til 350 grader. Ta deigen ut av kjøleskapet og la stå i ca 5 minutter. Støv lett en arbeidsflate med resten av melet. Kjevle deigen ut til en 12-tommers rund rundt ¼-tommers tykk.

e) Brett deigen i fjerdedeler og legg den i en 10-tommers terteform. Rull en trekjevle over pannen for å kutte av overflødig deig.

f) Prikk bunnen av skorpen over det hele med en gaffel. I en middels sautépanne, over middels varme, smelt smøret. Tilsett løkene. Smak til med salt og pepper. Stek i 1 minutt. Tilsett soppen. Smak til med salt og pepper.

g) Fortsett å surre i 3 til 4 minutter eller til soppen er visnet.

h) Rør inn hvitløken og ta av varmen. Avkjøl helt. I en bolle, visp fløte og egg sammen. Smak til med ¾ av en teskje salt, pepper, varm peppersaus og Worcestershiresaus.

i) Bland godt. Hell soppblandingen i deigskallet. Dryss osten over soppen. Hell fløteblandingen over osten.

j) Stek til midten stivner og toppen er gyllen, ca 55 minutter. Ta ut av ovnen og la avkjøle i 5 minutter før du skjærer opp til servering. I en bolle, sleng erteskuddene med trøffeloljen. Smak til med salt og pepper. For å servere legger du en skive av terten i midten av hver tallerken.

k) Pynt hver med en haug med erteskudd.

94. flassete soppterter

Gir: 30 porsjoner

INGREDIENSER:
- 1 pund Fersk sopp
- 1 medium Løk
- ½ kopp Persille; fersk
- ½ kopp hvitvin
- bindestrek Varm peppersaus
- 4 filodeig; tint
- 6 spiseskjeer Smør, smeltet
- 4 unser Monterey jack ost; terninger

BRUKSANVISNING:
a) Forvarm ovnen til 400.
b) Hakk sopp, løk og persille. Kombiner sopp, løk, persille, vin og varm peppersaus i en stor panne. Dekke.
c) Kok i 5 - 7 minutter til soppen er mør, rør av og til.
d) Avdekke og kok til væsken har fordampet. Kul.
e) Pensle lett 1 ark filodeig med smeltet smør.
f) Legg et annet deigark på toppen av det første arket.
g) Pensle med smør. Gjenta med resten av deigen og smøret.
h) Skjær stabelen i 2-½ tommers firkanter.
i) Press hver del forsiktig inn i en usmurt minimuffinsform.
j) Legg ca 2 ts soppblanding i hver kopp. Topp hver med en osteterning.
k) Stek i 15 - 18 minutter eller til de er lysebrune. Serveres varm.

95. Grillet aubergine og soppterte

Gir: 8 porsjoner

INGREDIENSER:
- Matlagingsspray
- 1 stor Aubergine; skrelles og kuttes i ½" skiver
- 6 store Poteter; skrelles og kuttes i ½" skiver
- 6 store Portabella sopp; hetter og stilker adskilt, hettene forblir hele, stilkene i skiver
- Olivenolje til børsting
- 1 ss Oliven olje; til brødsmuler
- Salt og pepper
- ¼ kopp Persille; hakket
- ¼ kopp Basilikum; julienne
- ¾ kopp revet fersk parmesanost; eller Pecorino Romano
- 1 kopp Ferske brødsmuler
- 1 ss Oliven olje
- 1 liten Løk; hakket
- 1 Selleri stilk; hakket
- 4 store Tomater; frøsås og grovhakkes
- ½ kopp Revet gulrøtter
- 1 ts fersk timian; eller ½ ts tørket timian
- 1 ts Fersk sitronsaft
- 2 teskjeer fersk persille; hakket

BRUKSANVISNING:
a) Lag Relish: Varm oljen i en ikke-reaktiv kjele. Rør inn løk og selleri og fres på middels varme i 3 minutter.
b) Rør inn tomater, gulrøtter, timian og salt og pepper etter smak. La relishen småkoke til det meste av væsken har kokt av. Fjern fra varmen.
c) Rett før servering, varm opp velsmaken. Ta av varmen og rør inn sitronsaft og persille.
d) Spray grillristen godt med kokespray. Forvarm grillen til middels høy varme. Pensle aubergine, poteter og sopp godt med olivenolje og krydre på begge sider med salt og pepper.

e) Spray en 9" kakeform eller terteform godt med kokespray. Varm formen enten i ovnen eller på toppen av grillen din, hvis den er stor nok. Hold den varm.

f) Grill alle grønnsakene på begge sider til de er godt brune og myke. Skjær sopphetter i tynne skiver. Lag lag i pai- eller terteformen - aubergine, potet, sopp, dryss litt av persille, basilikum og revet ost mellom hvert grønnsakslag. Holde varm.

g) I en liten panne, varm de 3 ss olivenolje på middels høy varme til de er varme. Tilsett brødsmuler og fres til de er gyldenbrune.

h) Topp terten med brødsmuler. Server umiddelbart med en liten del tomatsmak under hver kile.

96. **Filoterte med sopp**

Gir: 4 porsjoner

INGREDIENSER:
- ¾ kopp Meieri rømme
- 3 gram kremost; myknet
- ¼ kopp Tørr brødsmuler
- 1 ss Tørket dillluke
- ½ ts Salt
- 1 ss Sitronsaft
- 4,5 Oz Grønn Giant oppskåret sopp
- 1 Hvitløksfedd; hakket
- ½ kopp Smør eller margarin
- 8 Frosne filodeigsplater

BRUKSANVISNING:
a) Forvarm ovnen til 350 grader.
b) Kombiner rømme, kremost, brødsmuler, dillgras, salt og sitronsaft i en bolle; bland godt. Rør inn skivet sopp. Sette til side.
c) For å lage hvitløkssmør, kok hvitløk i smør i en liten panne på lav varme til den er mør, mens du rører konstant. Dekk 16 muffinskopper med hvitløkssmør. Sette til side.
d) Pensle en stor kakeplate med hvitløkssmør. Rull ut filo-ark; dekk til med plastfolie eller et håndkle. Pensle ett filoark lett med hvitløkssmør; legg på den smurte kakeplaten.
e) Pensle den andre filoplaten lett med hvitløkssmør; legg den på toppen av det første smøret arket. Gjenta med resterende filoplater. Med en skarp kniv skjærer du gjennom alle lag med filoplater for å lage 16 rektangler.
f) Press hvert rektangel lett ned i en muffinsbeger med hvitløkssmør. Hell en haugefull spiseskje med rømmeblanding i hver kopp. Topp hver med hele soppen, skyv stilken inn i fyllet. Drypp med resterende hvitløkssmør.
g) Stek på 350 grader i 18-20 minutter eller til de er lyse gyldenbrune.

97. Røykfylt soppterte

Gir: 8 porsjoner

INGREDIENSER:
- ⅓ SMØRDEIG deig
- 1 Eggehvite, lett pisket
- 2 spiseskjeer Smør
- 10 gram Fersk sopp, i skiver
- 7 gram Shitake-sopp, stilker kastet
- Andesopp i skiver
- 1 ss Finhakket fersk hvitløk
- 2 teskjeer Tørket oregano, knust
- ⅛ teskje Kvernet svart pepper
- ½ pund Røkt mozzarellaost, i tynne skiver
- 2 spiseskjeer Riv asiago eller parmesanost
- ⅓ kopp Valnøttbiter
- 1 ss Finhakket flatbladpersille

BRUKSANVISNING:
a) Forvarm ovnen til 400 F. På en lett melet overflate ruller deigen til en 14-tommers runde.
b) Overfør til en 11-tommers terteform med avtagbar bunn.
c) Trim kanter; prikk bunnen med tindene av en gaffel.
d) Kle deigskallet med folie og kakevekter, tørkede bønner eller rå ris. Stek i 15 minutter.
e) Fjern folie og vekter.
f) Stek 5 til 6 minutter lenger eller bare til deigen begynner å bli gylden. Pensle med eggehvite; stek 1 minutt lenger.
g) Avkjøl helt på rist. I en stor panne, smelt smør over middels lav varme.
h) Tilsett sopp, hvitløk, oregano og pepper.
i) Sauter til sopp er gylden og væsken har fordampet, ca. 8 minutter; avkjøl til romtemperatur.
j) Dekk bunnen av terteskallet med mozzarella, skjær i skiver for å fylle ut mellomrom.

k) Topp med soppblandingen og dryss deretter over asiago og valnøtter.

l) Stek i 20 minutter. Avkjøl i 5 minutter på rist før du fjerner den ytre ringen. Serveres varm.

98. **Trippel soppterte**

Gir: 10 porsjoner

INGREDIENSER:
- 1 Ubakt kjølt pai Skorpe
- 1 kopp Finhakket fersk shiitake Sopp
- 1 kopp Skiver frisk hvit eller brun Sopp
- 1 kopp Finhakket fersk østers Sopp
- ¼ teskje Tørket merian
- 2 spiseskjeer Smør
- ¾ kopp Strimlet Gruyere ost
- ¾ kopp Strimlet sveitserost
- ½ kopp Hakket kanadisk bacon
- 2 Egg, litt pisket
- ½ kopp Melk
- 1 ss Klippet fersk gressløk
- Kanadisk bacon, skåret i tynne
- Kiler, valgfritt

BRUKSANVISNING:
a) Trykk deigen inn i en 9" terteform med avtagbar bunn. Flute; trim jevnt med topp. Linje med et dobbelt lag folie; stek ved 450F. 8 minutter.
b) Fjern folien og fortsett å bake i 4-5 minutter til den er stivnet og tørr.
c) Snu over to 375F.
d) Kok sopp mør i smør, 4-5 minutter, til væsken er fordampet.
e) Fjern fra varme.
f) Bland Gruyere, sveitsiske oster og kanadisk bacon.
g) Tilsett sopp, melk, egg og gressløk. Hell i terteskorpen.
h) Stek i ca 20 minutter til stivnet og gyllent.
i) Avkjøl i panne på rist i 10-15 minutter. Fjerne.
j) Skjær i terninger og pynt med kanadiske baconbåter.

99. Villsopp og geitost terte

Gir: 2 porsjoner

INGREDIENSER:
- 375 gram ferdigkjevlet butterdeig
- 1 egg; rytmen
- 50 gram Smør
- 250 gram Blandet sopp s
- 2 store Fedd hvitløk
- 1 liten En haug med flatbladpersille
- 1 ss Balsamicoeddik
- 150 gram Kremet geitost
- 2 spiseskjeer Oliven olje
- 100 gram cherrytomater
- 1 Sitron
- 1 liten En haug med basilikum
- 100 gram babyspinatblader

BRUKSANVISNING:
a) Forvarm ovnen til 220c/425f/gass 7.
b) Plasser deigen på en lett melet overflate, skjær ut to 12x15cm/5"x6" rektangler og legg dem på et bakepapir med slippfast baketøy.
c) Pensle over det sammenpiskede egget, og bruk spissen på en skarp kniv til å markere en 1 cm/14" kant på innsiden av hver terte.
d) Prikk det midtre rektangelet med en gaffel og stek i ovnen i åtte minutter til det er gjennomstivnet og gyllent.
e) Varm opp en stor stekepanne med smør. Kutt soppen i grove biter. Finhakk hvitløken og tilsett med sopp. Stek i 3-4 minutter til den er kokt og gylden.
f) Grovhakk persillen, tilsett halvparten med balsamicoeddik, og kok i et minutt. Smak til med salt og pepper, og reserver. Ha geitosten i en bolle, tilsett den resterende persillen og bland godt. Smak til med pepper.

g) Ta deigen ut av ovnen. Skjær forsiktig rundt det indre rektangelet på deigen, og bruk en fiskeskive flat midtstykket av deigen.

h) Sett deigen tilbake i ovnen i ytterligere 4-5 minutter til den er gjennomstekt og gylden.

i) Til salaten: Varm olivenoljen i en liten panne. Skjær cherrytomatene i to og legg i pannen med sitronskall og en skvis juice. Bland godt og smak til med salt og pepper.

j) Ha spinaten i en bolle og hell over den varme dressingen.

k) Ta tertene ut av ovnen, ha i geitosten med skje og topp med den varme soppen. Ha over på en tallerken og server med salaten.

100. Villsopp og pecorino terte

Gjør: 1 porsjon

INGREDIENSER:
- 3 spiseskjeer Oliven olje
- 2 Håndfuller blandet villsopp
- 1 stor fedd og hvitløk; finhakket
- ¼ Sitron; smak av
- 2 spiseskjeer Flat persille; grovhakket
- 2 Ark med butterdeig
- Tykkelsen på 2 fyrstikker
- 75 gram Ung pecorino ost; tynt kuttet

BRUKSANVISNING:
a) Forvarm ovnen til 200C.

b) Varm olivenoljen i en stekepanne, tilsett soppen, smak til og surr raskt til den er gjennomstekt.

c) Rør inn hvitløk, sitronskall og persille. Ta av varmen og sett til side.

d) Olje en bakeplate. Legg to bakverk på den. Legg soppen i et lag midt på hvert ark. Sett i ovnen og stek i 20-25 minutter, eller til de er gyldenbrune.

e) Ta ut av ovnen og topp med Pecorino og sett tilbake i ovnen i 3-4 minutter. Ta ut og server umiddelbart.

KONKLUSJON

Å nyte noen butikkkjøpte terter er en av livets enkle gleder, men tanken på å prøve å bake en terte selv kan virke som en skremmende oppgave, spesielt hvis du bare har prøvd å lage småkaker og brownies. Hvis du ønsker å prøve å lage terter, men ikke vet hvor du skal begynne, vil denne KOKEBOKEN bringe deg gjennom typene terter og oppskrifter du trenger for å komme i gang. Nyt!

Ingram Content Group UK Ltd.
Milton Keynes UK
UKHW020623210623
423802UK00010B/125